# 学泰斗陈桥驿与大古都大同

大同古城保护和修复研究会
大同古都学会
编

山西出版传媒集团
山西人民出版社

**图书在版编目（CIP）数据**

郦学泰斗陈桥驿与大古都大同 / 大同古城保护和修复研究会，大同古都学会编．—太原：山西人民出版社，2014．10
ISBN 978－7－203－08754－0

Ⅰ．①郦… Ⅱ．①大…②大… Ⅲ．①陈桥驿－人物－研究②大同市－地方史－研究 Ⅳ．①K825．89 ②K292．53

中国版本图书馆 CIP 数据核字（2014）第 219685 号

**郦学泰斗陈桥驿与大古都大同**

**编　　者**：大同古城保护和修复研究会　大同古都学会
**责任编辑**：樊　中
**助理编辑**：王新斐
**装帧设计**：陈　婷

**出 版 者**：山西出版传媒集团·山西人民出版社
**地　　址**：太原市建设南路 21 号
**邮　　编**：030012
**发行营销**：0351－4922220　4955996　4956039
0351－4922127（传真）　4956038（邮购）
**E－mail**：sxskcb@163.com　发行部
sxskcb@126.com　总编室
**网　　址**：www.sxskcb.com

**经 销 者**：山西出版传媒集团·山西人民出版社
**承 印 厂**：山西出版传媒集团·山西新华印业有限公司

**开　　本**：720mm×1010mm　1/16
**印　　张**：7.75
**字　　数**：95 千字
**印　　数**：1－4 000 册
**版　　次**：2014 年 10 月第 1 版
**印　　次**：2014 年 10 月第 1 次印刷
**书　　号**：ISBN 978－7－203－08754－0
**定　　价**：30.00 元

**陈桥驿**　原名陈庆均，浙江绍兴人，1923年12月10日出生。现为浙江大学地球科学系终身教授，中国地理学会历史地理专业委员会主任，国际地理学会历史地理专业委员会咨询委员，第四届“中国地理科学成就奖”获得者。是我国当代的历史地理学家和郦学研究权威。

陈桥驿先生在宁绍史地研究、郦学研究、历史地理、历史地图学、地方志和地名学研究、城市研究等领域造诣精深、成绩卓著。出版各类著作逾70部，各种著述总计2000万字。相关学术成果对社会各界有广泛的影响。

同时，作为现代城市地理学开创者之一，陈桥驿先生与中国历史地理学界的侯仁之、史念海、谭其骧三位老前辈，实为科学的古都研究的创始人。由他主编的《中国六大古都》、《中国历史名城》、《中国七大古都》、《中国都城辞典》等是大陆有关古都研究方面最早的专门著述。

# 目　录

# 殷殷古都情　耿耿事业心

## ——记古都学研究元老陈桥驿先生二三事

## （代前言）

安大钧

虽然久闻鼎鼎大名，但至今仍未曾晤面；虽然过去没有过交往，但却从今年才经历的几件事上看到了陈桥驿老先生的师德、人品和学识；看到了大师的风范。

### 《古都大同》责任编辑给了我一个“惊喜”

2010年10月，在中国古都学会大同年会之后，大同古城保护和修复研究会成立了由本会部分专家学者组成的《古都大同》编撰委员会，由笔者任主编、力高才任副主编。经过半年多的努力，终于完稿。中国古都学会副会长、杭州出版社社长徐海荣先生对此书稿非常重视，专门让贵社优秀编辑、陈桥驿先生的硕士研究生孟桂芳同志担任责任编辑。2011年7月，编辑工作完成后，应徐海荣先生之邀，笔者去杭州出版社共同定稿，初次认识了责任编辑孟桂芳同志（至今也只会过一次面）。《古都大同》一书在中国古都学会副会长叶万松、徐海荣两位先生的鼎力支持下，于2011年8月正式出版发行。

今年春节期间，我突然收到了久未联系的孟桂芳同志的手机短信，给我全家贺年。我给她回了贺年短信，得知她去了美国进修，所以很长一段时间内就没有联系过。今年元宵佳节的前一天（2月13日），我收到了她的第一封电子邮件。她在邮件中告诉我：“春节之

前，我去看望了陈桥驿先生，并把《古都大同》带了过去，对先生说：‘这是我编的一本有关历史地理的古都系列书《古都大同》，我觉得这本书写得不错，送给您看看，给几句评论。我想给这本书写个书评，不过对古都大同知之甚少。请您帮我开拓开拓思路。’春节寒假过完，初八（2月7日）我们一家给陈先生拜年。他说他通览此书，并对《古都大同》评论了几句话，我在稿中注出。”她随信发过来一篇书评稿，想让笔者修改。这篇书评稿的题目是《读览〈古都大同〉　回望古都研究》。当我打开附件时，一下子惊呆了！第一自然段如下：“《古都大同》是一部历史城市地理的著作，也是一篇这个领域的杰作。中国古代也有此类著作，如《东京梦华录》、《都城纪胜》之类，虽然都有价值，但都是旧时代的著作，不具现代城市地理学的内涵，而《古都大同》，则是虽综论一地的历史城市地理，却也使用了现代城市地理学的原理，是一部历史城市地理的现代科学杰作（陈桥驿语）。”一位历史地理学大师这样评价素不相识的后辈的著作，真让我大有受宠若惊、诚徨诚恐、愧不敢当之感！说实话，我当时还有点不相信，所以很快便发短信给孟桂芳同志，让她把陈老先生手稿的影印件，给我从邮箱发过来。2月19日，我收到了影印件，从邮件中又得知，陈先生利用春节整个假期通读了《古都大同》，并亲笔为其弟子孟桂芳撰写了书评的基本观点和写作提纲。提纲长达两千余字。正月初八（2月7日）陈老先生亲自给孟桂芳打电话，让她去取提纲并当面赐教。92岁高龄的陈老先生这样为学为人为师，真让我感动不已。

## 陈老先生不吝赐教又满足了我一个要求

2月19日收到陈老书评提纲手稿影印件后，感动之余，我又想到，在去年9月中旬中国古都学会开封会议上，副会长叶万松先生宣读了他执笔撰写的论文《试论“中国大古都”的构成要件与生成环境》，这篇论文可不可以请陈桥驿先生审阅提出修改意见？如果这篇论文能请他审阅提出意见，不仅可以进一步修改好这篇论文，还可以进一步统一中国古都学会同仁的认识，形成评判中国大古都的学术标准。这绝对是一件好事，何乐而不为？因为不相识，我只得先听听孟桂芳同志的意见，看她愿意不愿意接受所托。孟桂芳热情好客、乐于助人，立即答应了我的请求。我又很快与叶万松先生联系，经他同意后，2月24日我把论文发给了孟桂芳同志。收到论文邮件后，因得知陈先生身体稍有不适，直到3月11日才将论文送交给陈先生。经通读审阅后，陈先生在论文尾页上写出了如下批语：“三位作者所写的这篇关于古都大同，把古都大同作为中国大古都，（报道者注：文中论述了北京、西安、洛阳、南京、开封、安阳、杭州、郑州和大同成为中国大古都的构成要件与生成环境）立论扎实，说理明确，是一篇关于古都研究中别开生面的杰作，我很赞赏此文。认为这是我国古都研究中一项别出心裁而成就非凡的研究方向。希望几位作者再接再厉，在这个方向上继续从事深实，也希望在我国的古都研究中得到响应和推广。陈桥驿 2014. 3. 20”。3月25日，我收到了孟桂芳用特快专递给我寄过来的批语手稿。批语让我再一次惊喜，但内心却有些不满足。因为我4月3日发给孟桂芳的电子邮件中是这样说的：“前些日子我曾将中国古都学会副会长叶万松和我及学会常务理事韦娜撰写的一篇论文通过你转请陈老先生审阅。陈老对论文作出了超乎我们预料之外的高度评价，我们深知这是陈老先生对我们的鼓励和鞭策，我们万分感谢！中国古都学会从20世纪八十年代成立至今已逾三十年，取得了非凡的成就，但也存在一些问题。例如关于‘中国大古都’的评判标准，虽然有专家提出了一些观点，但尚未形成共识。这个问题我曾在会议上呼吁过，也和尹钧科、韩品峥、叶万松、许成、王尚义、王岗、杨新华等副会长交换过意见。去年，我提供部分资料由叶万松先生执笔牵头为2013年中国古都学会开封年会撰写了一篇论文，即前不久寄去的论文。看到陈老先生的批示后，叶万松先生和我又进行了一些修改，在此之前我已通过大同古城保护和修复研究会邮箱把修改稿给你发去，请你转陈老先生在方便时再予审阅，并就大古都的评判标准提出指导性意见，这对古都学的研究将起到统一思想、形成共识的引领作用，其意义不可估量。切切此盼。”4月4日，孟桂芳给我复函说：“我马上把文章和您给我这个邮件打印出来，尽快转交陈先生。”4月6日陈先生看到我发过去的论文修改稿，答应写一些意见。4月11日陈先生打电话叫孟去他家。12日孟桂芳取回，4月16日笔者收到陈先生手稿原件。4月19日笔者将手稿转印刷体电子版给孟桂芳发去请其核对，她仅改了两个字便予回复。这就是事情的完整过程。

## 我所感受到的老一辈的大师风范

陈先生在第一次为论文写过批语之后，这次又专门写了《一点感想与建议》。他用浙江大学信笺密密麻麻写了九页半，长达六千多字。陈先生对古都学研究的关切、对晚辈后学的关爱、对历史地理学研究事业的忠心都让我肃然起敬。正如我在4月3日发给孟桂芳的电子邮件的前两个自然段中所写的：

“从他两次的批语（指陈先生对古都大同一书的批语和对叶先生执笔撰写的论文的第一次批语）中，我看到了陈老先生对晚辈的关心、厚爱与提携；看到了陈老先生思想的敏锐、学识的渊博、观点的独到、胸怀的广阔、待人的诚恳；看到了古都学开创人之一的陈老先生的大师风范！他是你的恩师，也是我的恩师，我衷心祝愿老先生健康长寿、阖家幸福！

中国古都学研究开创人谭其骧、史念海、侯仁之三位大师已先后作古，唯有陈桥驿大师健在，这是中国古都学会之大幸！尹钧科、韩品峥、叶万松、许成和我等一些古都学会原任及现任副会长既衷心祝福陈老先生健康长寿，也热切期盼陈老先生在保重贵体的前提下继续对中国古都学会学人予以教诲指导。”

在用快递给我寄手稿的同时，陈老先生还让孟桂芳给我寄过来两个附件：一个是前不久才出版的《中国历史地理论丛》首篇发表的陈先生的怀念文章《永记导师侯仁之先生的教导》的复印件；一个是中华书局2011年出版的《陈桥驿方志论文续集》扉页中介绍陈先生学术成就的文字复印件。

在怀念侯仁之先生的文章中，陈桥驿先生在第一和第二个自然段中写道：

“我所敬爱的侯仁之先生与世长辞了。他是一直器重我的历史地理学前辈，所以我对他的悼念倍感深切。我国历史地理学界的元老是顾颉刚先生。他的三位高足，谭其骧先生、侯仁之先生、史念海先生，都是我经常受教的前辈，所以在这篇悼念侯先生的文章中，我想先写一段赘言。

谭、侯二先生都长我十二岁，史先生长我十一岁，都是在这门学科中悉心教导我的前辈，也是我为人为学的榜样，所以我想先记叙一点有关这方面的掌故。谭、侯二位都出身燕京大学，但南方人读书早，所以谭先生班级高，顾先生在工作忙碌时，曾因对谭先生的赏识，请他代过“中国沿革地理”的执教。当时史先生就读于辅仁大学。此校也是顾先生执教的。所以史先生也听过谭先生的课程。虽然都属于代课性质，为时不长。但以后直到这三位老迈，侯与史对谭的称呼，在任何场合，都称“谭先生”。而谭称侯为“仁之”，称史为“筱苏”（史先生号）。这样的称呼，从来是一丝不苟的。我也是在稍后获知了其间缘由，这就是老一辈学者处世为人的准则，虽然都是年齿相仿的学者，但在彼此的称呼上，却从来是在任何场合中执着不变的。这种在称呼上的态度，其实也就是当时他们为学，亦即做学问的态度。与当今的情况已经颇有差距。所以我旧事重提，或许值得我们当代学人反省和学习。

现在言归正传，说说我对侯先生的悼念。我于1950年稍后就执教于杭州的浙江师范学院地理系。对历史地理学颇感兴趣。虽然对当时学校图书馆所藏的《禹贡》半月刊常去阅读，但对这门学问的系统脉络却并无头绪。直到1962年读到了侯先生的《历史地理学刍议》论文以后，才对这门学问有了比较全面的理解。而尤为难得的是，次年（1963年）就与这位前辈见了面。”

接着陈桥驿先生回忆了与侯仁之先生1963年秋在科学院副院长、地理学界前辈竺可桢先生主持召开的杭州学术讨论会上相识相谈的过程，回顾了在学术上交往的过程，还回顾了侯先生邀请他出任《中国六大古都》主编的过程。在这篇怀念侯先生的文章中，陈桥驿先生还回忆了古都研究和史念海先生创立中国古都学会的历程。他在文中写道："史先生对中国古都研究当然厥功甚巨，但是从全局来说，侯仁之先生应该是我国古都研究的开创人。"笔者认为，这个观点无疑是正确的，但如果把时间拉长，应该说除侯仁之、史念海之外，还有谭其骧、陈桥驿，他们四位先生都应该是当代中国古都研究的元老，都是开创人。

陈先生还在怀念侯仁之先生的文章中说道："我与侯仁之先生交往频繁，整个过程，都是他对我的作育栽培。从形式上说，只有一次是他开口要求我的。"

他继续写道："……每次去京，都不忘拜访侯先生，并且常在事前向他报告我去京的日子。当时他指导的，以后都成就卓著的三位研究生是于希贤、唐晓峰、尹钧科三君。他事前告诉我，到京后要为他的这三位研究生讲一次课。我当然必须遵命。那天晚上在一个较大房间中为三位作了一次'中国历史地理'的漫谈。讲课结束以后，侯先生又与我谈了颇久。他谦虚地说此课对他也很有启发，特别是赞赏我的知识面宽广，在讲课中涉及了许多门学科，这实在是中国历史地理学发展的重要方向。这个晚上我就反复思考，这次为他的研究生讲课是他事前要求我的，而课后又赞赏我，特别是我在讲课中涉及了多门其他学科。他的话当然不假，但其间除了首肯我讲课的内容外，同时也是对我的一种指导，要我今后在中国历史地理的研究中重视与其他学科的结合。"

陈桥驿先生让孟桂芳给笔者寄来的另一个附件是中华书局2011年出版的《陈桥驿方志论文续集》扉页中介绍陈先生学术成就的文字复印件。中华书局是这样介绍陈先生的："陈桥驿，原名陈庆均，1923年出生于浙江绍兴，我国著名郦学家。连续三届出任中国地理学会历史地理专业委员会主任，国际地理学会历史地理专业委员会咨询委员。浙江省地理学会理事长。中国徐霞客研究会顾问。英国剑桥国际人物传记中心荣誉委员等多种学术职务。1993 年被国务院授予‘为发展我国高等教育事业作出突出贡献的学者’称号。1999 年被人事部授予‘终身教授’荣誉。他在历史地理学、郦学、历史地图学、地方志和地名学研究等方面造诣精深，成就卓著，先后出版了《水经注研究》一、二、三、四集，《郦道元评传》，《水经注校释》等学术专著近 30 种，被公认为我国当今的郦学泰斗。曾赴日本、美国、加拿大、巴西等国多所大学访问讲学，并被聘为日本关西大学、国立大阪大学、国立广岛大学等多所大学客座教授。”

从以上文字中，我们不难看出陈桥驿先生对侯仁之、史念海、谭其骧三位先生的无限崇敬之情，也不难看出同为历史地理学大家的陈桥驿先生谦虚好学的精神。按常理说，年龄相差十一二岁，也应是同辈之人，而且这四位均是学术成就非凡、学术专著等身的大家。他们彼此相尊、成就相崇、相互学习、谦虚谨慎的精神难道不值得我们这些后学后辈们学习、继承、发扬吗？结合目前存在的一些社会现象，我们难道不应该深思、反省吗？

——2014 年 7 月 29 日文化中国网登载

（安大钧　中国古都学会副会长，大同市古城保护和修复研究会会长）

# 陈桥驿充分肯定大同大古都地位

2014 年 3 月 20 日，92 岁高龄的著名历史地理学家、中国古都学会创始人之一的陈桥驿先生，在中国古都学会副会长叶万松、安大钧和常务理事韦娜撰写的 2013 年中国古都学会开封年会论文《试论“中国大古都”的构成要件与生成环境》的尾页上亲笔写上了如下批语：“三位作者所写的这篇关于古都大同，把古都大同作为中国大古都（报道者注：文中论述了北京、西安、洛阳、南京、开封、安阳、杭州、郑州和大同成为中国大古都的构成要件与生成环境）立论扎实，说理明确，是一篇关于古都研究中别开生面的杰作，我很赞赏此文。认为这是我国古都研究中一项别出心裁而成就非凡的研究方向。希望几位作者再接再厉，在这个方向上继续从事深实，也希望在我国的古都研究中得到响应和推广。陈桥驿 2014. 3. 20”。

这是陈桥驿先生今年以来在有关批语中第二次充分肯定大同的中国大古都地位。今年 2 月，《古都大同》的责任编辑孟桂芳将由安大钧任主编、力高才任副主编的这本书送给其恩师陈桥驿先生审阅。3 月 10 日，陈老先生写下了如下一段批语：“此书是一部历史城市地理的著作，也是一篇这个领域中的杰作。中国古代已有这类著作，如《东京梦华录》、《都城纪胜》之类，虽然都有价值，但都是旧时代的著作，不具现代城市地理学的内涵，而《古都大同》，则是虽综论一地的历史城市地理，却也使用了现代历史城市地理学的原理，是一部历史城市地理的现代科学杰作。”在批语中，陈老先生还提到由他主编的《中国历史名城》（1986 年出版）一书，他写道：“此书中包括都城50处，其中大同列为50城中的第5位。该篇编者田世英系人民教育出版社地理编辑室主任。他情况熟悉，文字功底也好，于是写了《中国历史名城》之‘大同’部分。但毕竟只是全书中的一篇，当然不能与《古都大同》相提并论。《古都大同》确是一部佳作。《古都大同》著作的出现，填补了记录古都大同不足的空白。”

陈桥驿先生以对《水经注》的研究而成为当代“郦学”泰斗。《水经注》作者郦道元，北魏地理学家，散文家。太和年间在平城任尚书主客郎。曾随孝文帝巡视北方六镇，对平城周边地理环境十分熟悉，曾在其《水经注·漯水》中作过详细描述。陈桥驿先生研究“郦学”达半个世纪之久，对北魏平城历史地理极其熟悉，对古都大同情有独钟，对《古都大同》一书和对《试论“中国大古都”的构成要件与生成环境》一文的高度评价均为有感而发。

92岁高龄的陈先生，是浙江大学地球科学系终身教授，中国地理学会历史地理专业委员会主任，国际地理学会历史地理专业委员会咨询委员，第四届“中国地理科学成就奖”获得者。陈先生不但是国内地理学界的泰斗，即使在国际学术界也是相当知名的。同时，作为现代城市地理学开创者之一的陈先生，与中国历史地理学界的侯仁之、史念海、谭其骧三位老前辈，实为科学的古都研究的创始人。由陈先生主编的《中国六大古都》、《中国历史名城》、《中国七大古都》、《中国都城辞典》等是大陆有关古都研究方面最早的专门著述。

——2014年4月24日人民网登载

# 关于《古都大同》（摘要）

此书是一部历史城市地理的著作，也是一篇这个领域的杰作。中国古代亦有这类著作，如《东京梦华录》、《都城纪胜》之类，虽都有价值，但都是旧时代的著作，不具现代城市地理的内涵。而《古都大同》，此书虽综论一地的历史城市地理，却也使用了现代历史城市地理学的原理。是一部历史城市地理的现代科学杰作。

……

1980年初，侯仁之先生曾派遣中国青年出版社责编胡晓谦从北京专程到杭，向我递交一封信。信上说：他刚见到台湾学生书店1979年出版的王恢编著的《中国五大古都》，连台湾都有了这类书，大陆却无。侯请我也主编一部。我素与侯交往，是侯的后辈。但当时我因学校的事工作极忙，不得写了封恭之敬之的信婉谢。但一周以后，胡晓谦再度携侯信莅杭。提出了“北京”一篇由侯承担，全书必须由陈主编，理由是主编这样的书，必须是在学术界有知名度的人。于是，我只能接受，但考虑到我在杭州高校已执教三四十年，杭州也是传统王朝首都（南宋）。所以复信要胡带回：①同意。②书名改为《中国六大古都》，杭州包括在内。侯立刻同意。于是，我国的第一部《中国六大古都》就于1983年在中国青年社出版。

与此同时，中国历史地理学的另一前辈史念海先生，正在加紧与我联系，建立“中国古都学会”。几经筹备，此学会也1983年夏在西安建立。史任会长，要我任副会长。但此年我接日本文化省聘请的日本高校大学院（研究生院）客座教授的任务（与讲学不同，每次要在去向文部省申请获任的这个大学研究生开一二门课，任期半年），这年是名校关西大学（大阪府内），我未能去西安赴会。但出版社请我去日时随带《中国六大古都》50册，分赠日本各界，甚得日本文化界的欣赏欢迎。但在关西大学举办的一次我对关西地区十几所大学的公开演讲中，有一位教授提出，日本对中国古都和其他都城都甚感兴趣，中国多年来闭关锁国，日本城市地理学者不得入境，所以除“六大古都”外，希望再出一部包罗更多都城的书，必受日本的无比欢迎和需要。我同意此议。归国后，仍由胡晓谦责编，另编一部《中国历史名城》（1986年出版），此书中包括都城50处，其中大同列为五十城中第五位。该篇编者田世英系人民教育出版社地理编辑室主任，在当时大量消减地理教材内容的“最高指示”下，措施不力（其实是心有反感），被划为右派，在晋地劳役多年，情况熟悉，写得很好。但毕竟只是全书中的一篇，当然不能与《古都大同》相并论。

1983年以后，由于中国古都学会的建立，各省和市县多建有分会，古都研究的风气大增。侯、史二前辈实为科学的古都研究的创始人。

……

古都之事接着还有后续。我经常接到不少城市的来信，内容总是要求把自己的城市从一般的城市列为古都（定然提出种种理由）。也有若干已经出现在我编的《中国历史名城》中若干城市，当时都是古都，但他们认为还不够，也提出许多理由，认为自己所在的古城应该如安阳一样列入“大古都”的行列。这种来信甚多，我为了复信，而且其实也无法一一解释他们所提出的理由，当年却是感到捉襟见肘，实在穷于应付。但因自己既已主编了《中国六大古都》和《中国七大古都》，又在每天播放的《中国七大古都》电视片中列名“顾问”，不复这些纷至沓来的信，也过意不去。于是，我就动手约请一批对古都有研究而又有兴趣的学者，以我为首，主编出版了一部规模较大的《中国都城辞典》（江西教育出版社 1999 年出版）。把都城、古都、大古都列为条目，注释这类条目的定义。但在此以后，各地来信仍然不断。于是我的答复就可以千篇一律了：请参阅《中国都城辞典》。为此而省事不少。当然，《辞典》的解释也不是铁定的，随着现代考古事业的发展，新的问题不断向先生问及。这些事，现在我已年逾九旬，当然不能再顾问了。

《古都大同》确是部佳作。

……

陈桥驿

2014 年 2 月 18 日

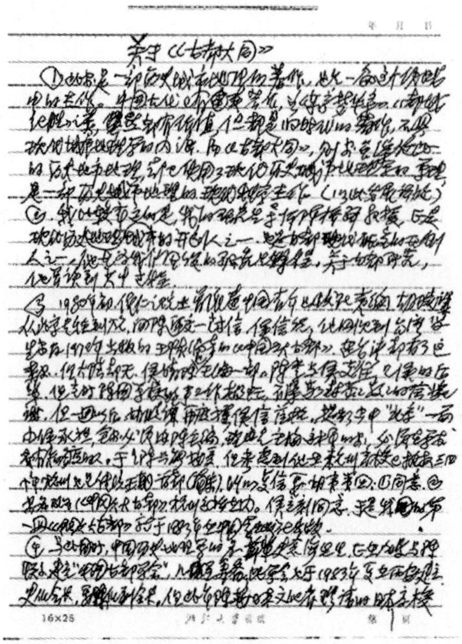

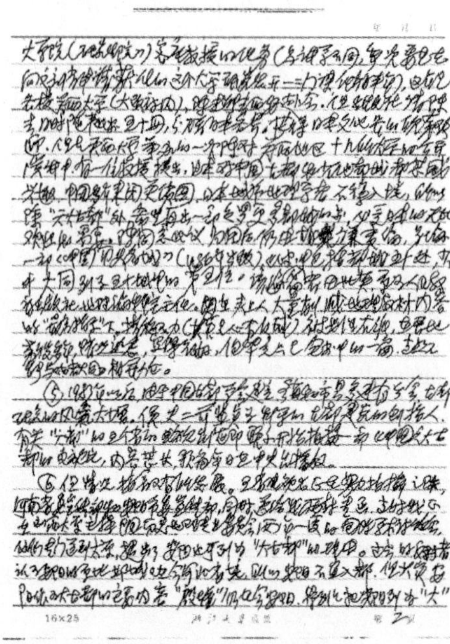

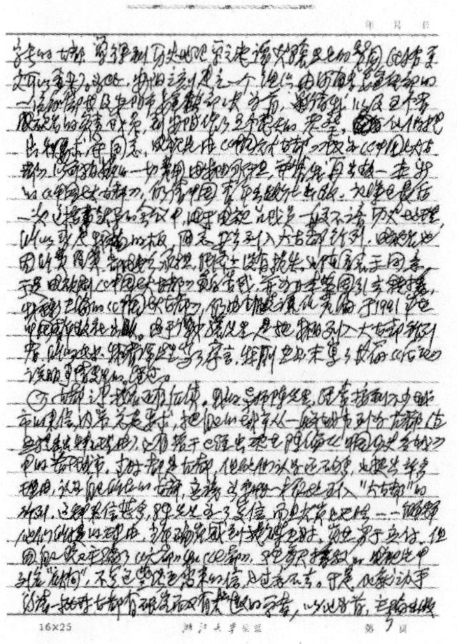

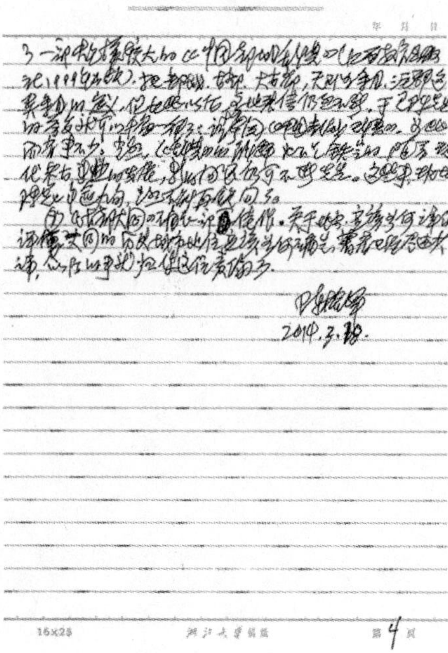

# 陈桥驿给《试论“中国大古都”的构成要件与生成环境》一文的批语

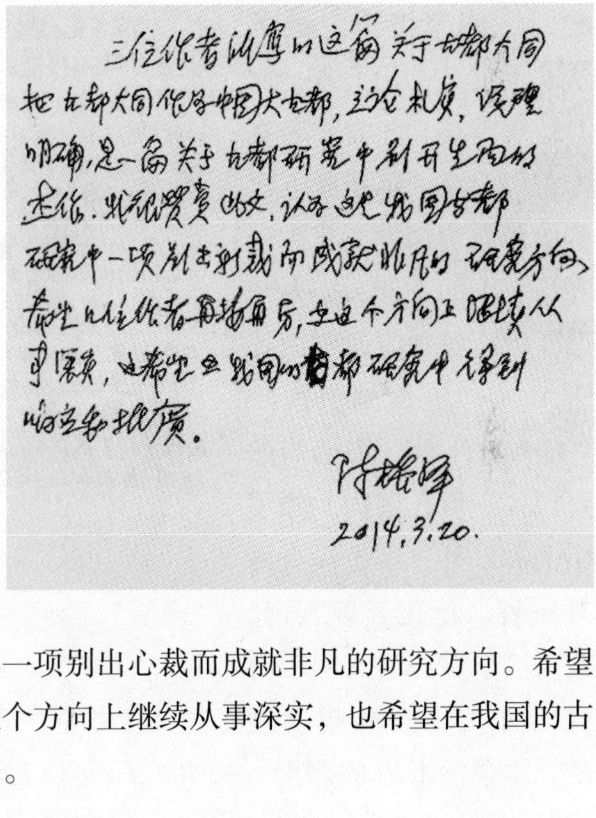
三位作者所写的这篇关于古都大同
把古都大同作为中国大古都，立论扎实，说理明确，是一篇关于古都研究中别开生面的杰作。我很赞赏此文，认为这是我国古都研究中一项别出心裁而成就非凡的研究方向。希望几位作者再接再厉，在这个方向上继续从事深究，也希望在我国的古都研究中得到响应和推广。

陈桥驿
2014.3.20.

三位作者所写的这篇关于古都大同，把古都大同作为中国大古都（报道者注：文中论述了北京、西安、洛阳、南京、开封、安阳、杭州、郑州和大同成为中国大古都的构成要件与生成环境），立论扎实，说理明确，是一篇关于古都研究中别开生面的杰作，我很赞赏此文。认为这是我国古都研究中一项别出心裁而成就非凡的研究方向。希望几位作者再接再厉，在这个方向上继续从事深实，也希望在我国的古都研究中得到响应和推广。

陈桥驿

2014. 3. 20

# 陈桥驿为《山西文华》一书题词

山西省是中华民族五千年文化的发祥地，也是我们民族繁衍生息的摇篮。不仅是文化大省，而且位居首要。此省作者在专著中曾以“陈桥驿五次到山西”为标题。我由于在语言上的方便，一九八〇年以后经常应邀到国外讲学。“五次到美国”、“五次到日本”等话当然可以说，但在国内，除了山西省以外，再也没有另外一省，让我五进五出。我是因崇敬三晋文明、研究三晋文化而频频入境的。承蒙学术界的谬爱，一九八〇年以后我讹被“封”为“郦学家”。我从事郦学研究为时虽早，但也是在这个文化大省开花结果的。我有两部郦学论文集都在此省出版。由于日本不少大学都开设郦学课程，此二集现在都成了该国某些大学的研究生院教材。《山西文华》是有识之士早已预见的这个文物之邦的文化大业，势在必举，

浙江大学
ZHE JIANG UNIVERSITY

山西省是中華民族五千年文化的發祥地，也是我們民族繁衍生息的搖籃。不僅是文化大省，而且位居首要。此省作者在專著中曾以"陳橋驛五次到山西"為標題。我由於在語言上的方便，一九八〇年以後經常應邀到國外講學。"五次到美國"、"五次到日本"等話當然可以說，但在國內，除了山西省以外，再也沒有另外一省，讓我五進五出。我是因崇敬三晉文明、研究三晉文化而頻頻入境的。承蒙學術界的謬愛，一九八〇年以後我訛被"封為"酈學家"。我從事酈學研究為時雖早，但也是在這個文化大省開花結果的。我有兩部酈學論文集都在此省出版。由於日本不少大學都開設酈學課程，此二集現在都成了該國某些大學的研究生院教材。《山西文華》是有識之士早已預見的這個文物之邦的文化大業，勢在必舉，而且舉必有成。國內已有些省份出版了大部頭文化叢書，山西省或許遲了一步。遲了一步實在是件好事，即所謂後來居上，大器晚成。不鳴則已，一鳴驚人；不飛則已，一飛沖天！《山西文華》這部煌煌巨構，讓海內外文化人士拭目以待吧。

陳橋驛謹識

二〇一四年三月於浙江大學

中国·杭州 HANGZHOU CHINA

而且举必有成。国内已有些省份出版了大部头文化丛书，山西省或许迟了一步。迟了一步实在是件好事，即所谓后来居上，大器晚成。不鸣则已，一鸣惊人；不飞则已，一飞冲天！《山西文华》这部煌煌巨构，让海内外文化人士拭目以待吧。

陈桥驿谨识（印）

二〇一四年三月于浙江大学

# 一点感想和建议（摘要）

读了孟桂芳君给我看的叶万松、安大钧、韦娜三位专家为纪念中国古都学会成立30周年而作的《试论“中国大古都”的构成要件与生成环境》一文，除了受益甚多以外，也使我对这方面的研究发生了不少感想和对此三位撰者及这个课题萌发了一些建议，当然不一定有宜，仅供参考而已。何况我一方面年已老迈，而却又是国家人事部批定的（全国仅1994年批定过一个）所谓“终身教授”，年迈而杂事又多（每天的来客和电话就够忙了），所以考虑得并不周到，但既然自己也搞过这一行，也就随心所欲地写一些吧。

我个人的出身经历，在中华书局约请我撰写的《八十逆旅》（2011年出版）一书中已述其详（可惜此书在大城市坊间已经售完，但中华邮购部或可购到，他们正在重版），我是由一位清末举人（我的祖父）教授启蒙的，后来由于一个机会（在该书《旧地重游》篇中记叙）又念了英语，并在一所临时的大学中教过英语。虚龄26岁之年就在情不可辞的关系中去做了一个规模较大而又颇有声名的中学教务主任。所以，原来实在是无缘于“古都”的。由于经常在著名的刊物中发表文章，又经常出席多种学术会议，所以还是被一个著名的教会大学拉去执教，并且参加主编由竺可桢领衔的有关历史地理文集，这样就与老一辈的历史地理学家（谭其骧、侯仁之二位均长我12岁，史念海长我11岁）过从甚密。而他们不仅都是我的前辈，也都非常看得起我，常常要我完成一些重要的任务。

……

事情还有最凑巧的，我从事“古都”的工作，是当年侯仁之先生两次嘱咐我的，而我正在写这些事、实事。陕西省出版的《中国历史地理论丛》恰恰在昨天收到了，这是由史念海先生创办的历史地理权威刊物，是一年出四期的（16K）季刊。最近这一期是2014年的第一期，去年中期就发函给不少作者，写一篇悼念侯仁之先生的专辑，但由于后一辈人与侯先生接触较少，在全刊的近20篇文章中，悼念侯先生的文章只有五篇（他活了一百零一岁）。第一篇当然是我的《永记导师侯仁之先生的教导》，他嘱咐我编“古都”的经过，我都写在这篇文章中了，为此，我就把此文复印作为附件，这里就不必赘述了。

所以这以下，可以专门读读这几位山西专家的宏文，也就是我在标题上所说的“感想与建议”了。

先谈点感想。史念海先生当年策划建立中国古都学会的事，事前曾因知道我受侯先生之嘱正在编撰“大古都”专业之事，所以按他原来的计划是，建立学会以后，必须出一种期刊。这种期刊，由侯先生、史先生和我三人轮流主编。但侯先生当时已担任学部委员（院士），而且身处北京，任北大教务长，确实过于忙碌，所以他一开始就断然拒绝这个任务。我当时其实也忙得不可开交，但由于对他们二位，我都属于后辈，所以虽然未曾同意，但也不加拒绝。而结果这种期刊（当时用书号出版的），我还是勉为其难主编了其中的第三期，由陕西人民出版社出版，当然由我署名主编。但当学会正式成立，在西安举行成立大会之时（约是1983年秋），我已于此年三月接受了日本关西大学（这是日本的一所名校）的邀请，到该校担任客座教授。因为客座教授都是由学校的“大学院”（即中国的研究生院）聘请的，性质与一般“讲学”不同，必须对听课的研究生讲课满一个学期。所以我当然不能到西安出席成立大会，而是在日本讲课。因为日本学术界把我“封”为“郦学家”，所以这个学期我在该校开设的是《水经注研究》，与“古都”或“大古都”无关。当年，国外大学邀请我讲学的较多，足迹甚广，包括美国、加拿大，一直到南美的巴西。不过讲学与客座教授不同，一所大学讲二三次就可以了，我总有经常回国的时间。虽然浙江省的古都学会我是义不容辞的会长，但我还可以稍稍照顾一下。而且也曾在杭州举办过一次全国古都学会年会，当然，所有这些都是由我的助手们策划并帮助进行的，我只是到时出个面而已。为此，虽然当时《中国六大古都》是由我主编出版，而且社会上反应不错，日本学者尚有以此作为教材的，但我对古都或大古都的研究，实在是不深不透的，并不是客气话，懂得一些皮毛而已。但由于不少都城的读者都来信，要把自己所在的都城升格为“古都”，甚至“大古都”，信都是直接给我的，我为此不得已邀请几位助手，主编了一部较大的《中国都城辞典》。其中主要的几条都是我执笔的，目的也是为了让当时不断来信者要他们自己“看图识字”，对照自己的位置，免得我一次又一次地复信。此外，我在国外到处讲学，只有在日本广岛以北的一个什么大学讲过一次“中国的古都”，而且是那个大学看了我的《中国六大古都》以后点名要我讲的，自己也感到讲得并不出色。所以不要说国内，就是国外，包括美国、日本等不少大学和学术机构，把我看作是一位“古都专家”，我实在是相当惭愧的，如前所说的，懂得一点皮毛而已。

此番读了这三位山西专家的文章以后，确实感到对我的启发不少，因为文章是为了纪念古都学会的，所以只能在此后读到。假使在当年侯先生嘱咐我编写《中国五大古都》（我改成了“六都”，侯先生即时同意，这次追悼侯先生专辑文中有叙）以前，我能读到此文，那我的《六都》和以后接着编著的《七都》一定会更引人入胜。这也说明了，做学问的事，是一代又一代地随着学者的水平而不断提高的。

我是幼年在读王勃的《滕王阁序》中第一次见到“人杰地灵”这句话，后来作为一个地理学者，也常常注意人地之间的关系。从我所在的东南地区观察，譬如，宁波人善于经商、绍兴人能担任幕僚（绍兴师爷）、金华人常和猪打交道（金华火腿）等等，诸多此类不胜枚举。但是在这中间，山西省是特别引我刮目相看的。这个省，历史渊源悠久，文化积累深厚。也就是说，既出人才，又出文章。“太原公子布衣褐裘而来”，曾让人一座皆惊，此人就是唐太宗李世民，在中国历代所有皇帝和其他独裁者之中，他无疑是一位出类拔萃的明君。“贞观之治”，是我国历史上无可比拟的一个杰出时代。由于人才多，所以文章也多，人才出众，所以文章也出众。对于当前这三位撰写的这篇文章，我虽然不必以前无古人，后无来者去称道它，但是文章从其叙述的理论和广泛的内容来说，应该是篇这类文章中的佼佼者。可以这样说，把这个问题写深了，写透了。我过去因侯仁之先生的嘱咐，曾经也是这个课题的同行之一（参阅《附件》），但我确实自愧不如。对于现在或今后从事这门学问研究的学者，我建议他们把此文仔细地读研一番，“他山之石，可以攻玉”，这不是没好处的。由于文章较长，我所说的对此文的一点感想，也就不再细叙了。

我在拙文标题上还提到了“一点建议”，在这里也不妨说个道理。此文撰写和议论的对象是古都和大古都。“古都学”，特别是在史念海先生正式建立了中国古都学会以后，这可以成为一门科学的分支。但是从国际和国内的全盘科学分类来说，它毕竟还是一个小分支，它是属于“城市学”这门大的学科中的。“城市学”是国内外学术界所公认并在当前非常流行的一门大学科，在中国当前城市化（有时被称为城镇化）进展十分迅速发展的时代，对这门学科的加深研究，确实很有必要。

这里不妨举我自己的一个例子，我因为侯仁之先生引导我也从事过一点城市学的研究，所以在多次东渡赴日的讲学和担任客座教授的过程中，曾于1989年在国立广岛大学担任一学期的讲课中，以“比较城市学”作为一个学期的研究生课程。我因为跑过的地方多，所以凡是列入“比较”的，都是我亲自到过的地方。例如我以巴西首都巴西利亚与纽约对比；以纽约百老汇路与日本东京银座大街对比；以旧金山与日本神户对比（旧金山有“唐人街”，神户有“南京町”，性质也相似）；以广岛与中国慈溪对比（这项对比还出了专家）。由此想到，山西省人才济济，即使没有像我这样到国外四处讲学的，但在国内城市与省内城市中也可以对比。只要比深比透，也是对城市地理学的一种重要贡献。在城市学领域中，对比研究是一个小课题，另外的研究还多着呢。例如沿革发展，历代特殊事件，城市的政治、经济、文化以及城市今后的规划远景等等，都可以从事讨论研究。为此，我的建议是，三位专家在此文中对城市学的一个分支即古都学确实研究的成就卓著，而研究对象也大大超出山西一省，对全国进行论证。所以，由于此省的城市研究的渊源深厚，则研究领域可以遍及城市地理学的各个分支。山西省人才济济，完全有条件成为我国的城市学研究的中心，完成我的这种建议，看来是并不困难的，希望能够早日实现，不久的将来，能够在太原举行一次全国的甚或国际性的城市研究学术会议。

陈桥驿

2014. 4. 10

于浙大学地理科学系

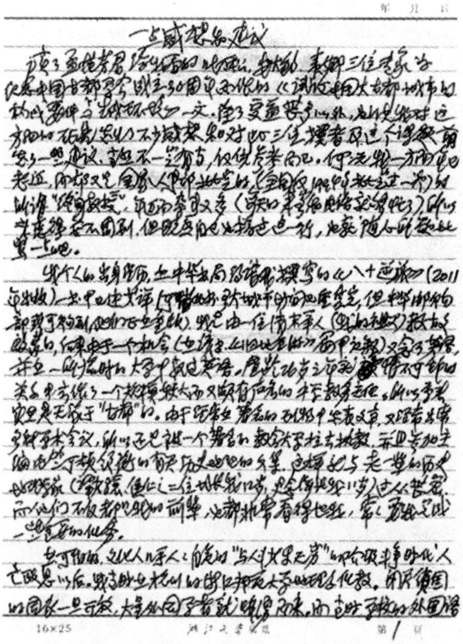
一点感想和建议

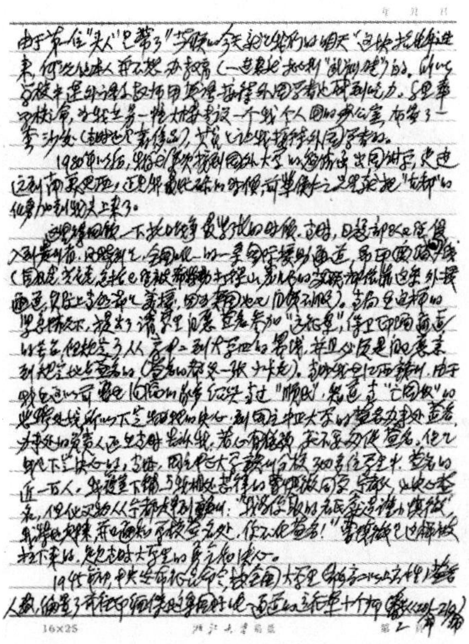

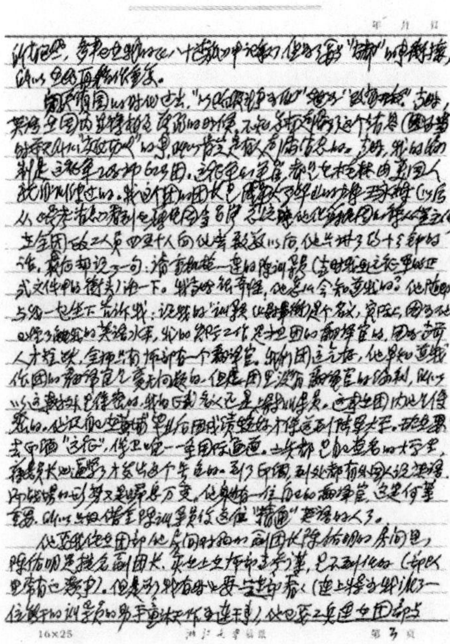

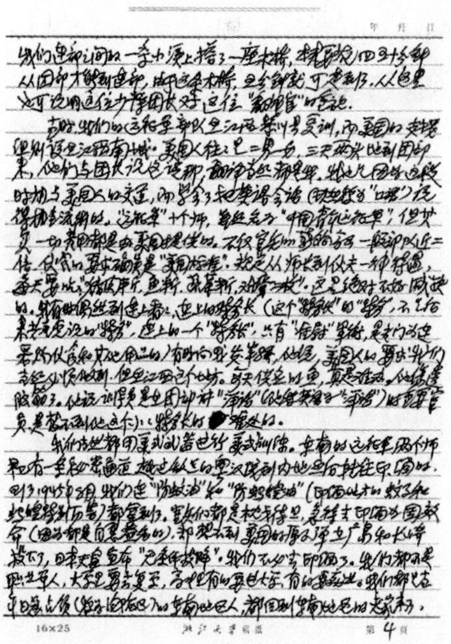

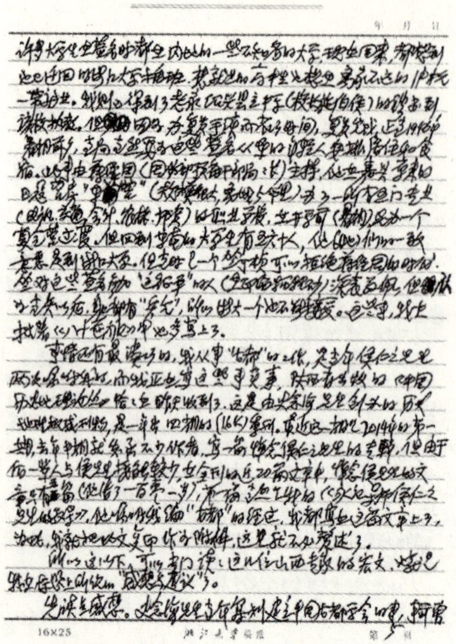

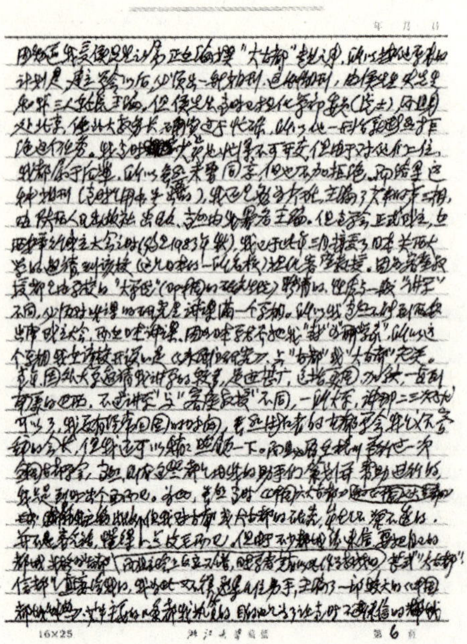

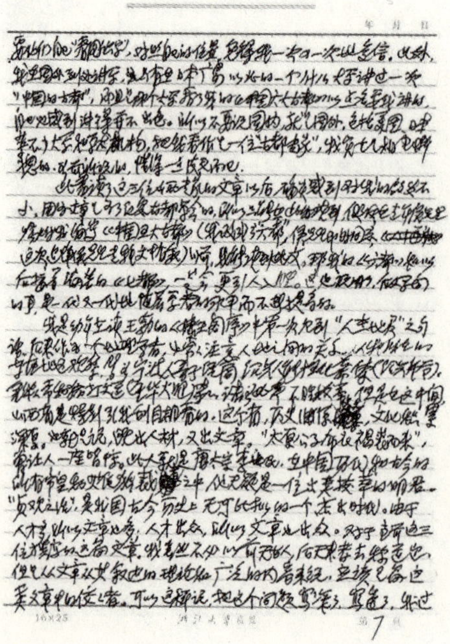

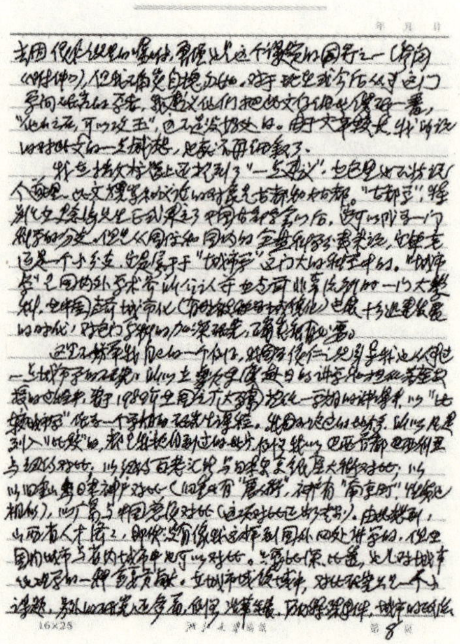

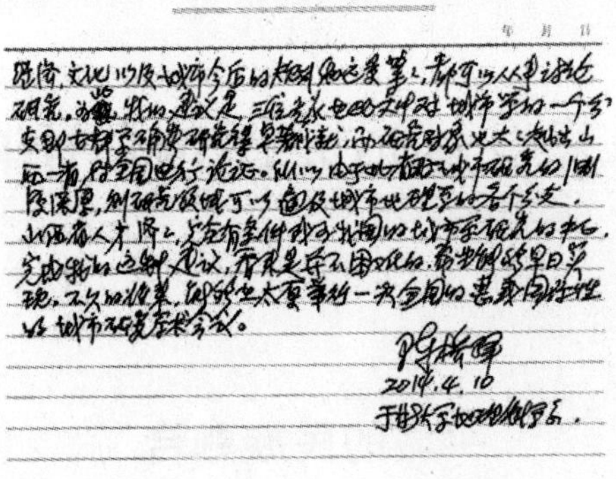

年　月　日

经济、文化以及城市今后的规划建设等等，都可以从中讨论研究。为此，我的建议是，三位专家也可以[illegible]对城市学的一个分支即古都学[illegible]研究程序等等进行讨论，而研究对象更大大地包括山西一省，对全国进行论证。所以，由于山西在城市研究的[illegible]深厚，则研究领域可以包括城市地理学的各个分支。山西有人才济济，完全有条件成为我国的城市学研究的中心。完成我的这些建议，首先是[illegible]。希望能够早日实现。不久的将来，山西也大可举行一次全国的甚至国际性的城市研究学术会议。

陈桥驿
2014.4.10
于浙江大学地理历史系。

16×25　浙江大学稿纸　第9页

# 陈桥驿著《郦道元评传》中的平城

## 平城的民族融合

现在需要论述对于本书至关重要的一个戏剧性的历史掌故。前面指出，在公元前307年，一位汉族的著名国君赵武灵王，他甘愿冒天下之大不韪，放弃祖宗历代的传统服式，自己带头，并且要他的子民一起穿上人们所不齿的奇形怪状的夷狄服装。但事隔八个世纪，来自塞北草原的骑马民族的一支，鲜卑族的著名国君拓跋宏（北魏孝文帝），于北魏太和十八年（494）正式下诏："禁士民胡服。"前面已经提及，赵武灵王是后继无人，"胡服骑射"这种革命措施，在汉族中得不到同情和推广。以秦始皇为代表的汉族统治者，确信只要有一条坚固的长城，加上几个烽火墩，头戴铁盔、身披铁甲、手执长矛的汉族武士，是可以站在战车上杀退那些草原夷狄的。现在，历史完全证明，这一条"尸骸相支柱"的长城，根本挡不住草原人。而草原人中的一支鲜卑族，不仅越过长城到了中原，而且在汉族的古都洛阳颁布命令，要拓跋氏的子民一起脱掉祖宗传下来的胡服，穿上被征服地的，在他们看来也是奇形怪状的汉服。一位汉族领袖要汉人穿上胡服，而另一位胡人领袖又要胡人穿上汉服，这真是一出历史喜剧，或许也可以说是历史对人们的揶揄。由于赵武灵王是历史上的一位著名人物，也由于他命令汉人穿上胡服有确实年代可记；同样，由于拓跋宏也是一位历史名人，而他命令胡人脱去胡服的年代也确切可记。因此，我把中国历史上这件戏剧性的掌故用这两个年代确定下来。在这一段戏剧性的时代中，中国境内的许多民族发生了接触、交流和融合的过程。这个过程是错综复杂的，这中间有战争，有和亲，有商品贸易，有文化交流，有一族对另一族的统治，有另一族对一族的反抗，等等。然后终于出现民族的融合，伟大的中华民族终于形成。

这是魏晋南北朝这个历史时代的大背景，任何研究这个时代的政治、经济、军事、文化，以及这个时代中一切人物的思想、业绩等等，都必须充分了解这种时代背景。（摘自《郦道元评传》第6、7页）

……

这个部族要到公元四世纪后期，情况才比较明确，当时是北魏道武帝拓跋珪在位的时代。这是一位有见识和才略的部族领袖，他把首都从盛乐南迁到平城（今山西省大同市郊东北），部族开始从游牧过渡到农耕。平城是一个在汉初就存在的古老城邑，汉高祖曾经在这里被冒顿单于围困了七天。拓跋珪迁都到此以后，当然经过一番修整和扩建。《水经·㶟水注》相当详细地记载了当年平城的城市建设及其规模，这里拥有宫殿、寺庙和许多其他建筑物。由此可见，北魏的生产方式到这时已经以农耕为主，游牧部族是不可能有如此固定和规模较大的首都的。当然，由于拓跋珪在平城称帝达二十三年，拓跋鲜卑从游牧到农耕的过渡以及平城的城市建设，可能是在这二十三年中逐步完成的。

早在拓跋珪迁都以前，鲜卑族移入平城及其附近各地定居的人数看来不少。他们或许早已放弃游牧，从事农耕，这其实也是北魏南迁的群众基础。《水经注》在《河水》、《汾水》、《㶟水》等各篇记下了今山西省境内的许多非汉语地名，如太卤（即太原）、大浴真山、贷敢水、可不埿城、契吴亭、诰升袁河等等，不胜枚举。郦道元记载地名，素有解释地名的习惯，对于这个地区的这类无法解释的地名，他一般加上“北俗谓之”四字，有时甚至加上“狄语音讹”一语。郦道元称为“北俗”，指的是他所住的华北以北的地方，实际上就是塞外草原。当然，今山西省一带是古代许多少数民族角逐之地，郦道元的所谓“北俗”，也并不一定就是鲜卑。由于鲜卑语和其他曾经在这一带居住过的游牧民族如匈奴等的语言都早已消亡，无可核实，我们无法区别这些地名是鲜卑语地名抑是其他民族语言地名。但拓跋鲜卑族人流入这一带为时甚早，这大概是可以肯定的。

拓跋珪以后即位的是拓跋嗣，即北魏明元帝，在位共十五年，这期间，大江以南，刘宋取代了东晋，南北朝的形势从此形成。拓跋嗣以后，一位有雄才大略的人物拓跋焘，即北魏太武帝继承了王位，北魏进一步走向繁荣昌盛。他在位长达二十八年，文治武功，都很可观。北魏虽然僻居雁北，但是已经俨然成为一个规模完备的大朝廷。在武功方面，他东征西讨，不断扩张领土，当年与东晋并存的所谓“十六国”之中，除了巴蜀的李成为刘宋所并以外，其余大都纳入了他的版图。他南与刘宋作战，攻占了著名的古都洛阳和形势险要的虎牢。他于北魏太平真君十一年（刘宋元嘉二十七年，450），亲率大军，长驱南下，直达长江北岸的瓜步，并于次年（451）在瓜步山上大集群臣，班爵行赏。这其实就是向南朝显示他的武力，使刘宋首都建康（今南京）大为震惊，而他在大集群臣以后，或许是自己认为攻占和统治全国的准备尚未充分，在向南朝示威的目的达到以后，即下令班师，全军北返。对于南朝来说，他的这一次军事行动，的确达到了他威慑的目的。刘宋名将沈庆之不胜惶恐地说：“佛狸（按：指拓跋焘）威震天下，控弦百万。”南朝素以正统的大朝廷自居，如今说出这样的话来，实在是说明了当时的形势。（摘自《郦道元评传》第9、10页）

## 北魏平城时代的社会变革

拓跋焘虽然是一个出自游牧民族的国君，但他也重视文治，注意政治廉明，悉心治理他的国家。他任用了一批贤能廉洁的官吏，如侍中古弼、张黎，中书侍郎高允，司空崔浩，司徒长孙道生等，其中许多是汉族知识分子。从《魏书·古弼传》所记的一件事实中可以证明，拓跋焘是如何以身作则，从善如流的：

世祖大阅将校，猎于河西，弼留守。诏以肥马给骑人。弼给弱者。世祖大怒曰：尖头奴敢裁量朕也，朕还台先斩此奴。弼头尖，世祖常名之曰笔头，是以时人呼为笔公。弼属官惶怖惧诛，弼告之曰：吾以为事君使畋猎不适盘游，其罪小也；不备不虞，使戎寇恣逸，其罪大也。今北狄孔炽，南虏未灭，狡焉之志，窥伺边境，是吾忧也。故选肥马备军实，为不虞之远虑，苟使国家有利，吾何避死乎？明主可以理于此，自吾罪，非卿等之咎。世祖闻而叹曰：有臣如此，国之宝也。……后车驾畋于山北，大获麋鹿数千头，诏尚书发车牛五百乘以运之。世祖寻谓从者曰：笔公必不与我，汝辈不如马运之速，遂还。行百余里而弼表至曰：今秋谷悬黄，麻菽布野，猪鹿窃食，鸟雁侵费，风波所耗，朝夕三倍，乞赐矜缓，使得收载。世祖谓左右曰：笔公果如朕所卜，可谓社稷之臣。

《古弼传》所记的这一掌故，除了说明拓跋焘的英明以外，同时也说明了，到了拓跋焘在位的时候，北魏已经“秋谷悬黄，麻菽布野”，成为一个农耕民族了。这当然是鲜卑人长期以来和汉人共处的结果。这是一种少数民族汉化的过程，也是民族融合的过程。关于这方面，在以下对孝文帝拓跋宏的评述中还要提到。

拓跋焘为北魏的发展奠定了坚实的基础，他去世后，经过文成帝拓跋濬和献文帝拓跋弘二帝的短促时期，到了北魏延兴元年（刘宋泰始七年，471），孝文帝拓跋宏即位，这是北魏历史上另一位有雄才大略的著名国君。他登位时还只有5岁，先由太后临朝称制，太和十四年（490），太后去世，拓跋宏就于次年亲政，当时他年仅25岁，正是青年英俊，意气风发的时候。他亲政以后，立刻励精图治，大力进行了许多革新，使北魏在拓跋焘建立的基础上，获得进一步的发展。他的政策，首先是提高民族文化，努力改革作为一个游牧民族长期以来存在的游牧习气，广泛推行汉族的礼仪和习俗，加速了拓跋鲜卑的汉化过程。他毅然废除从游牧民族遗留下来的发辫制，改行汉族当时通行的束发为髻的发式。被服冠冕，也一遵汉族体制。他又竭力推行汉族尊重的所谓三代成法，开始祭祀尧、舜、禹、周公等汉族人民崇敬的人物，谥孔子为“文圣尼父”，并命令中书省设孔子像，他亲自带头前往祭拜。有一次南征途中经过鲁城（今曲阜），特地进城祭拜孔子，重修那里的孔子陵墓，更建碑铭，拜孔氏四人、颜氏二人为官，并选孔子宗子一人，封为崇圣侯，令其奉孔祭祀。这次南征还都以后，就在首都设立国子太学和四门小学，又遴选了几位耆老长者，将他们封为国老庶老。同时在国内普求古代遗书，按汉族体制制礼作乐，并按当时汉族通行的标准，修正度量衡制度。自从拓跋焘任用许多汉族知识分子以来，早已卓著成效的北魏汉化，至此业已完成。(摘自《郦道元评传》第11、12、13页)

例如卷十三漯水经“水出雁门阴馆县，东北过代郡桑乾县南”注中记载北魏首都的白台。注云：

台甚高广，台基四周列壁，阁道自内而升。国之图录秘籍，悉积其中。

由此可知，白台是北魏的档案库，它的建筑特色是：“台基四周列壁，阁道自内而升”。因为是档案库，阁道自内而升，不仅安全，并且升登方便，而台基四周列壁，除了从档案库的安全考虑外，还可以增加台在外观上的雄伟。

——摘自《郦道元评传》第 194 页

（注：文中小标题为编者所加）

# 读览《古都大同》　回望古都研究

孟桂芳

《古都大同》是一部历史城市地理的著作，也是一篇这个领域的杰作。中国古代也有此类著作，如《东京梦华录》、《都城纪胜》之类，虽然都有价值，但都是旧时代的著作，不具现代城市地理学的内涵，而《古都大同》则是虽综论一地的历史城市地理，却也使用了现代城市地理学的原理，是一部历史城市地理的现代科学杰作（陈桥驿语）。此书的主编安大钧、副主编力高才二先生分别是现任大同古都保护和修复研究会会长、中国古都学会副会长和大同市地名专家组组长。他们谙熟大同古都文化及大同地方历史，也是古都研究的专家。二作者以历史地理应用于现代城市地理学的视角，以恢复、保护、发展古都大同为己任，在多年研究历史文化名城的基础上，综合研究并介绍了北魏都城平城的自然环境、人文风貌、城市建设、形制布局、城市功能等，描述了大同作为三代京华，两朝重镇而形成的民族融合文化、三教同尊文化、军事重镇文化、农牧结合文化、商贸流通文化、风俗习尚文化、精神品质文化等。全面系统地向我们展示古都大同历史及现代风貌。《古都大同》的问世也为古都研究增添了亮丽的一笔。

关于古都研究，十几年前我读浙江大学历史地理研究生，而我比较幸运的是，我的研究生导师陈桥驿教授，正是现代城市地理学的开创者之一，也是古都现代研究的开创人之一。他为我们开设的研究生课程，曾谈到古都研究其中过程：

1980年初，侯仁之院士曾派遣中国青年出版社责编胡晓谦从北京专程到杭，向陈桥驿先生递交一封信。侯信说，他刚见到台湾学生书店1979年出版的王恢编著的《中国五大古都》，连台湾都有了这类书，大陆却无。侯请陈也主编一部。陈素与侯交往，是侯的后辈。但当时陈因学校的事很多，工作极忙。不得不写了回信婉谢。但一周以后，胡晓谦再度携侯信莅杭。提出了“北京”一篇由侯仁之本人承担，全书必须由陈主编，理由是主编这样的书，必须是在学术界有知名度的人。于是陈只能接受但考虑到他在杭州高校已执教三四十年，杭州也是传统王朝（南宋）首都。所以复信要胡带回：①同意，②书名改为《中国六大古都》，杭州包括在内。于是我国的第一部《中国六大古都》就于1983年在中国青年社出版。

与此同时，中国历史地理学的另一位前辈史念海先生，正在加紧与陈桥驿先生联系，建立“中国古都学会”，几经筹备，此学会也于1983年夏在西安建立。史念海任会长，要陈桥驿任副会长。但此年陈接日本文化省聘请的日本高校大学院（研究生院）客座教授的任务（与讲学不同，每次要为该大学的研究生开一二门课程，任期半年），这年是名校关西大学（大阪府内），陈未能去西安赴会。但中国青年出版社请陈去日时随带《中国六大古都》50册，分赠给日本各界，甚得日本文化界的欣喜欢迎。但在关西大学举办的一次陈对关西地区十几所大学的公开演讲中，有一位教授提出，日本对中国古都和其他都城都甚感兴趣，中国多年来闭关锁国，日本城市地理学者不得入境，所以除“六大古都”外，希望再出一部包罗更多都城的书，必受日本的无比欢迎和需要。陈同意此议，归国后，仍由胡晓谦责编，另编一部《中国历史名城》（1986年出版），此书中包括都城50处，其中大同列为50城中的第5位。该篇编者田世英系人民教育出版社地理编辑室主任。在当时大量削减地理教材的“最高指示”下，措施不力（田甚是反感），被划成右派，在晋地劳役多年，情况熟悉，文字功底也好，于是写了《中国历史名城》之“大同”部分。但毕竟只是全书中的一篇，当然不能与《古都大同》相提并论。《古都大同》确是一部佳作。《古都大同》著作的出现，填补了记录古都大同不足的空白（陈桥驿语）。

1983年以后，由于中国古都学会的建立，各省和市县多建有分会，古都研究的风气大增。侯仁之和史念海二前辈实为古都研究的创始人。有关“六都”的五个省的电视台随即联系开始拍摄一部《中国六大古都》的电视片，内容甚长，预备每日在中央台播放。

但情况接着又有所发展。五省电视台正在努力拍摄之际，河南省委宣传部和安阳市委宣传部，同时送给陈桥驿先生两封专函，这时，陈先生正在山西太原主持中国历史地理专业委员会两年一度的国际学术讨论会，他们专门送到太原，提出了安阳也可列为“大古都”的理由。过去的反对者认为，安阳的原址邺城已在今河北省境，所以安阳不宜入都。但其实安阳作为大古都的主要内容“殷墟”仍在今安阳。特别是把安阳列为“大”字号的古都，曾得到历史地理学元老谭其骧先生的赞同（均有文献的查考）。为此，安阳立刻建立一个组织，由河南省委宣传部的一位副部长和安阳市委宣传部部长为首，邀请陈桥驿先生以及五省电视台的负责成员到安阳做了五个整天的考察。他们提出要求并同意电视片由《中国六大古都》改为《中国七大古都》，以前拍摄的一切费用，由安阳承担，并请陈桥驿先生再出版《中国七大古都》，仍请中国青年出版社出版。记得在最后一次包括领导在内的会议中，由于电视台队员不谙历史地理，所以或是我的导师陈桥驿拍的板，同意安阳列入大古都的行列，电视台也因之所花经费，都由安阳承担，经济上没有损失，也随着表示同意。于是电视剧《中国七大古都》最后告成，并向日本等国转引去转播，陈桥驿重新主编的《中国七大古都》仍由胡晓谦任责编，于1991年在中国青年出版社出版。由于谭其骧先生是把安阳列入大古都行列者，所以陈桥驿先生请谭其骧先生为此书写了序言，他则在书末写了长篇的《后记》，说明事情发生的经过。

古都之事接着还有后续。我的导师陈桥驿先生经常接到不少城市的来信，内容总是要求把自己的城市从一般的城市列为古都（定然提出种种理由），也有若干已经出现在陈编的《中国历史名城》中若干城市，当时都是古都，但他们认为还不够，也提出许多理由，认为自己所在的古城应该如安阳一样列入"大古都"的行列。这种来信甚多，陈先生为了复信，而且其实也无法一一解释他们所提出的理由，当年却是感到捉襟见肘，实在穷于应付。但因自己既已主编了《中国六大古都》和《中国七大古都》，又在每天播放的《中国七大古都》电视片中列名"顾问"，不复这些纷至沓来的信，也过意不去。于是，他就动手约请一批对古都有研究而又有兴趣的学者，以他为首，主编出版了一部规模较大的《中国都城辞典》，江西教育出版社于1999年出版。把都城、古都、大古都列为条目，注释这类条目的定义，但自此以后，各地来信仍然不断。于是陈先生的答复就可以千篇一律了：请参阅《中国都城辞典》，为此而省事不少。当然，《辞典》的解释也不是铁定的，随着现代考古事业的发展，仍有许多新的问题不断向先生问及。现在陈先生年逾九旬，当然不能再顾问了。

再以后，2004年11月，中国古都学会，把郑州加入大古都的行列，有了中国八大古都之说，2010年9月22日，中国古都学会年会在古都大同召开，大同正式被列入"大古都"行列。随后，《古都大同》著作问世。

大同确有理由列为古都。正如《古都学会大同宣言》所言：古都大同是1982年国务院批准的第一批24座历史文化名城之一，有着数百年的建都史，在中国古都研究发展进程中占有重要地位。古都大同是北方少数民族入主中原建立北魏王朝的首都，辽金时期又成为陪都。其中北魏在此建都96年，之前作为大代之南都63年，作为都盛乐时的北魏南都12年，作为迁都洛阳之北京49年，作为辽、金西京190年，共410年。大同曾是北魏王朝的京都，是北中国最大的政治、经济、军事、文化中心。它是汉族和少数民族融合的大平台、大场所；它是中国都城建设的重要里程碑之一。它给我们留下鲜明的古都文化，也为古都研究提供了较为完整的客体。我们为大同入列“大古都”而祝贺，为《古都大同》著作的问世而欣喜。

——2014年02月21日人民网登载

（注：该文作者系杭州出版社编辑，《古都大同》责任编辑，其导师陈桥驿先生喜闻《古都大同》问世，亦通读《古都大同》，并作了一些评论，提供了相关的一些材料。）

# 陈桥驿谈他与山西的关系

## ——供孟桂芳君参考（摘要）

我与山西省的关系确实比较密切，但事情过去了，我又搬了家，许多过去的关系多已遗忘，眼下每天来客不断，电话也多，所以所能回忆的只是零星片断的。仅供您和撰写文章作个参考。

倒是谭曙方先生大作《时代的肖像——地图背后的故事》有一个题目是“陈桥驿先生五次到山西”，谭先生的这本已寄赠给我的，也是由于我的书杂乱无章，现在也找不到了，所以下面只能零碎地写一点，次序也就颠倒，仅供您撰稿时的参考而已（每一条说一件事，并无连带关系）。

……

按中央规定，这件大事完成以后，省市县都要编印《地名志》与《地名录》。我们省的《杭州市地名志》就是我主编的（因《地名志》是要出版的，《地名录》不出版）。在1997年杭州大学出版社为我出版的《陈桥驿方志论集》中，收入各市县由我写的《地名志》竟就达九种，其实并不止此数，因外省也有些市县请我作序，就不收入此书。

当时，省内还有至少七八个市县请我去作关于地名学的报告，我也无法推辞。因为我的外事工作，当时已经骤然增加，地理系为我在地理大楼外的另一幢房间，建设了一间我专用的办公室，室内布置沙发等高级装备，并饮具和其他接待用具，我确实顾此失彼，忙得团团转。

地名工作是中央领导的。“一盘烂账”其实大家都看得到，而在我引进“地名学”，让这门学科正式成为一门可以列入课程表的课程后，山西省得风气之先，陈公善先生在太原按历史悠久的《地理知识》的规模，创办了一种名为《地名知识》的正式刊物，陈公善先生并随即亲自到杭州专访我，长谈达半个晚上。此刊办得很成功，我在该刊应他之邀写过多篇文章，连谭其骧先生也在该刊发表过文章。此刊出版时间甚长（据说仍以另一名称出版），每月一期，但我已一无所存。

……

规定各省市县都要编写出版《地名志》。随着《地名志》的出版，各地领导及文化人又想到了被“破四旧”的地方志，于是，中国社科院又成立了“中国地方志指导小组”，开始让各地修地方志。各地因此事解禁，所以修志的积极性都很高。不过因为这一优秀传统被禁绝了二十年，初修时，大家都感到缺乏经验。故“中国地方志指导小组”于1983年就当时出版的地方志中，选出了浙江萧山、江西玉山、陕西宜川三部，要请若干文化人到北京评议，参与的文化人共十人（后来常被称“十教授评志”。其实十人之中教授很少，多数是对修志工作有兴趣的文化人）。浙江省由于我在1956年就为本科四年级（即侯慧粦这一级）开过“方志学”课程，所以推荐我参加。山西省在修志上是提早一步的，最有经验，派来了一位刘海清先生，他确实说得头头是道，而且和我很投机，二人常常外出散步谈天，分别后也通了信，他是我认识的山西省的一位重要人物。

……

我上任后就要举行我主持的“中国历史地理国际学术会议”（可

惜具体时间忘了），地点当然要在大城市，因会后要参观，并须要有名胜古迹，当时我就想到了山西的刘海清先生，问他会议是否可以在太原举行，刘先生复信欣然同意，我就着手准备，并邀请了几位外国学者。这或许是我第一次到山西，刘先生为我准备了讲究的会场，三天会议以后，我们去参观了五台山，各位代表包括外宾都很满意。

我由于在平时搞学术研究时，也搞过一点《水经注》研究（1999年去台湾讲学时，看到胡适生前最后20年也搞《水经注》，并称此为“郦学”），所以平时也写些郦学论文。第一集《水经注研究》，因当年陈布雷先生的小儿子陈砾先生（北大哲学系的进步学生）任天津人民出版社社长，他知道此事，特地赶到杭州（他在杭州有不少亲友），从我处要去全稿。但回天津后，他因随即奉命担任《人民日报·海外版》总编，结果此稿被天津古籍出版社要去，于1985年在该社出版。我在该书曾提出，郦注涉及除了福建省以外的全国各地，建议要全国各地从事研究，而山西在这方面也动作最快，谢鸿喜先生立刻着手从事郦注有关山西资料的辑释，撰成《〈水经注〉山西资料辑释》一书，由我作序，于1990年由山西人民出版社出版。山西人民出版社的负责人李广洁先生对郦注的出版也很热衷，我的《水经注研究》二集和三集，也都由该社先后出版（四集于2010年由杭州出版社出版）。此外，上海书店出版社的路伩先生也来索稿，所以我的另一本论文集《郦学札论》，由该社列为《当代学人笔记丛书》于2000年由该社出版。

由于地理学会的历史地理专业委员会在山西由刘海清先生安排举行会议，我在太原多日，因此我与山西的关系密切起来，谭曙方先生专著中说我“五次到山西”的话是不错的，他的专著是《时代的肖像——地图背后的故事》。则是由于我以后几次到山西，都是受该省测绘局的邀请，协助他们编绘成一册大开本（我已不存，约为16开或8开本），也正式出版，在这多次入晋过程中，在山西结识了许多学术界的朋友。

山西省的学者还对该省古代战争进行研究，山西大学的靳生禾和另一位上面提及的谢鸿喜二位先生，于1998年在山西人民出版社出版了“中国古代最大战役之研究”的《长平之战》。由靳先生寄给我，并请我写书评，我不仅写了书评，并且还敦促我外孙周是今也写，他当时还是个中学生，但阅读和写作能力都很强，我们二人对此书的书评，题目都忘记了，先后在该省的《晋阳学刊》发表。

最近一次与山西学者打交道，是为靳生禾、谢鸿喜二先生所著《山西古战场野外考察与研究》（山西人民出版社2013年出版）一书写了比较长篇的序，此书确实是一本历来难见的好书，二位作者的年纪也都已不小。要把省内的许多古战场进行实地考察以后写出文章，真是一件令人钦佩的大事。

去年，山西人民出版社社长李广洁先生和副总编石凌虚，一起到舍下对我进行访问，恳谈甚为欢洽，真要谢谢他们二位的光临，因为前年（或去年），李广洁先生曾要求我在该社出版一本论文集，我曾选出了在较著名刊物发表过的论文一部分寄去，这次来访时也谈及此事，广洁先生说，还在请人校阅，我是国家指定由人民出版社出版《全集》的学者之一，最近从北京来的消息，说我的《全集》正在积极进行，今年或明年可以出版，所以山西的这本论文集，由于至今“尚在校阅”，显然是收不到《全集》中去了。

我到山西多次，但由于工作都在太原，所以离开太原到别处的机会很少，只有一次是去到平陆（编者注：应为“平遥”），这是集体去的。山西平陆（编者注：应为“平遥”）与云南丽江是联合国认可（是否申遗，我不清楚）的两座古城，的确古色古香，很有价值（云南丽江我也去过），另外还去过晋祠二次，这是单位派车专送的。因为《水经注》中有一条佚文出自晋祠（见拙著《〈水经注〉研究》即天津出的那册），其中一次是由我夫人陪同去的，她对晋祠确实十分赞赏，说这里真是“北国江南”。

山西省是一个历史悠久，古迹名胜众多的文物大省，所以我才有意几次入晋，其他没有一个省让我多次入境的。由于年代久远，我也老衰，记忆力锐减，加上搬家以后，许多资料都找不到了，临时回忆是片断和零星的，仅供参考而已。其他不少事都收在《八十逆旅》书上，所以不再重复了。

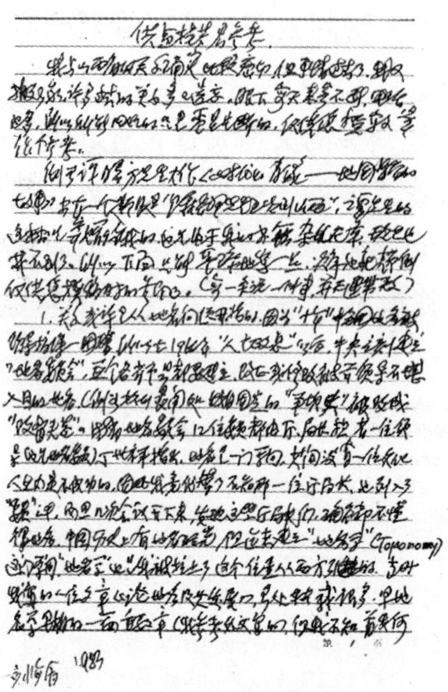
第 1 页

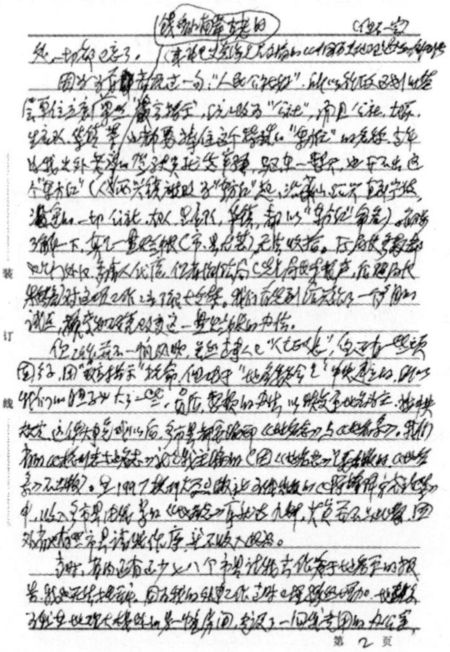
第 2 页

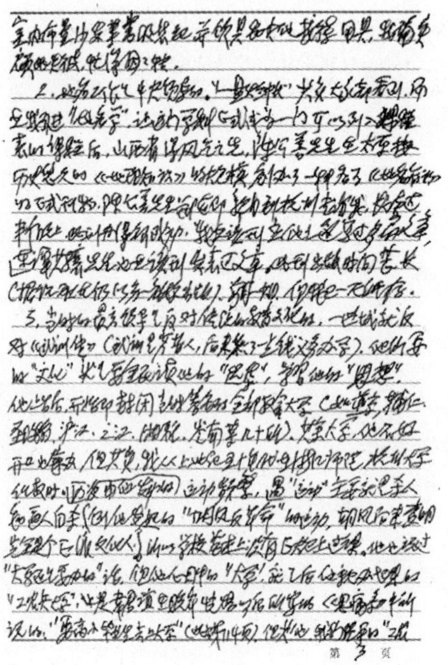
第 3 页

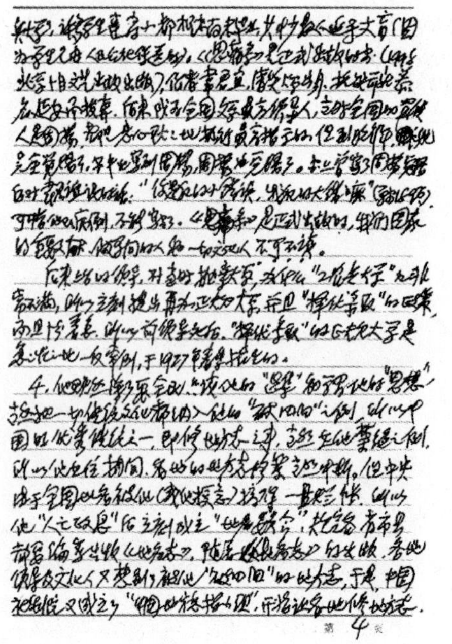
第 4 页

各地调的事颇繁，所以所在的教授职称都很高，不过因为这一代青年这样的断档已经二十年，初接触时，大家都感到长久之隔阂。我的"中国[illegible]十四"于1983年完成，当时已出版的也就是了，选了[illegible]、[illegible]、陈西[illegible]三部，要请若干文化人到北京评议。参与的文化人共十人（后来被称"十教授评委"，其实十人之中教授很少，多数是对修志工作有兴趣的文化人）。浙江省由于我在1956年就参加编志（即[illegible]这一段）开设"方志学"课程，所以也就参加。山西省在修志上是较早一步的，最有经验，派来了一位刘[illegible]先生，他不仅资深[illegible]，而且知识渊博，二人常常在出版部谈天。分别后也常通信，他是我认识的山西省的一位重要人物。

5. 此后不久，各种"学会"也开始活动，中国地理学会所（"[illegible]"这个名称当时也是一个学会，[illegible]"学会"和"[illegible]"以外的一切文化行业）[illegible]的"中国历史地理专业委员会"，由谭其骧先生任主席，每二年开一次学术会议，第一次于1981年在上海举行（当时我已在[illegible]），会议的名称是国际性的，但只请了[illegible]，他们因为[illegible]，[illegible]。因此，[illegible]，[illegible]。但这都是[illegible]，他们都是我的前辈，我不得不接受，但要[illegible]一次的会议，[illegible]。



（[illegible]）

6. 我[illegible]后来[illegible]"中国历史地理[illegible]学术会议"，地点[illegible]大城市，[illegible]，[illegible]古城。当时[illegible]到了[illegible]刘[illegible]先生，[illegible]会议[illegible]可以[illegible]。刘先生[illegible]，[illegible]，并[illegible]外国学者。这就是我第一次到山西，刘先生[illegible]，[illegible]三天会议以后，我们[illegible]，[illegible]。

7. 我[illegible]，[illegible]《水经注》研究（1985年[illegible]，[illegible]20[illegible]"[illegible]"），[illegible]第一集《水经注研究》，[illegible]陈[illegible]先生（北大[illegible]）[illegible]人民出版社[illegible]，[illegible]（《[illegible]》[illegible]）[illegible]。[illegible]，[illegible]《人民日报·海外版》[illegible]，[illegible]出版。我[illegible]，[illegible]以外的[illegible]全国[illegible]，而山西[illegible]，[illegible]先生[illegible]有关山西资料的[illegible]，[illegible]《[illegible]》一书，由[illegible]，于1990年由山西人民出版社出版。山西人民出版社的负责人[illegible]先生对[illegible]出版[illegible]，我的《水经注研究》二集和三集，也都由该社先后出版（四集于2003年由杭州出版社出版）。此外，[illegible]出版社的[illegible]先生也来



稿，所以我的另一本论文集《[illegible]》，由该社列入《[illegible]丛书》于2000年由该社出版。

8. 由[illegible]会的[illegible]历史地理专业委员会在山西[illegible]，我[illegible]，[illegible]山西的[illegible]，[illegible]先生[illegible]"[illegible]山西"的[illegible]。[illegible]《[illegible]》，[illegible]山西，[illegible]，[illegible]（[illegible]，[illegible]16开[illegible]）出版。[illegible]，[illegible]山西[illegible]学术界的朋友。

6. 山西省的学者[illegible]，山西大学[illegible]先生于1985年[illegible]山西人民出版社出版了"中国[illegible]"的《[illegible]》，[illegible]，[illegible]。我[illegible]，[illegible]。我们二人[illegible]，[illegible]。[illegible]《晋阳学刊》发表。

7. 最近一次与山西学者的交道，[illegible]二先生出版《山西[illegible]研究》（山西人民出版社2013年出版）一书，[illegible]，[illegible]一本[illegible]，二位作者的[illegible]，[illegible]文本，真是一件令人[illegible]的大事。

8. [illegible]，山西人民出版社[illegible]



[illegible]，一[illegible]。[illegible]，[illegible]他们二位的[illegible]，[illegible]（[illegible]）[illegible]出版一本论文集，[illegible]，[illegible]论文一[illegible]，[illegible]。[illegible]人民出版社出版《全集》[illegible]，[illegible]《全集》[illegible]，今年[illegible]可以出版，所以山西[illegible]论文集，[illegible]"[illegible]"，[illegible]《全集》中去了。

9. [illegible]山西[illegible]，但由于工作都是太[illegible]，所以[illegible]太原到[illegible]，[illegible]一次[illegible]，[illegible]，山西[illegible]（[illegible]，我不[illegible]）[illegible]，[illegible]，[illegible]（[illegible]）。[illegible]二次，[illegible]。[illegible]《水经注》[illegible]（[illegible]《水经注研究》[illegible]）。[illegible]一次[illegible]，[illegible]，[illegible]"[illegible]"。

山西省是一个历史悠久、古迹[illegible]的[illegible]大省，所以[illegible]，[illegible]一个[illegible]次入境的，[illegible]，[illegible]，[illegible]，[illegible]，[illegible]而已。[illegible]《[illegible]》[illegible]，所以不再赘述了。

# 陈桥驿五次到山西

我在翻看《山西省历史地图集》编纂史料时，看到了陈桥驿先生的许多文字，其中有对谢鸿喜所著的《〈水经注〉山西资料辑释》的序言，有对靳生禾、谢鸿喜所著《长平之战考察报告》的评论，有对《山西省历史地图集》的评价等。

他的文章与别人的不大一样，个性特别鲜明，谈到问题都非常具体且直言不讳，说到好的方面都谈得非常艺术，也很是给力。

他评论《山西省历史地图集》时就这样说："在该图集出版以前，我国已经出版了大型历史地图集四部，即《中国历史地图集》《北京历史地图集》《西安历史地图集》《北京历史地图集》（二集）。我曾在上述四部出版以后应约写书评，共发表过五篇书评（每一部都写书评，其中《中国历史地图集》的书评，用中文和英文先后发表，故以五篇）。"

他的这一评论意见是写在一张科学技术成果专家评审意见表内的，其容量有限，最多也就能够写个三四百字，此处的文字可谓是惜墨如金的，但老先生上述的开篇文字看似与《山西省历史地图集》的关系并不大。

但他一转行却这样写道："现在，《山西省历史地图集》即将出版，我看了样本以后认为，我在上述五篇书评中提及的各图集优点，《山西省历史地图集》也都具备，此外，在若干方面，《山西省历史地图集》并且具有后来者居上的优势。请参阅我已经发表的上述五篇书评。”看到这里我才悟到，陈先生是真正惜墨如金的，而且是以少胜多。想想看，四部已经出版的大型历史地图集所涉及的内容有多么广泛，历史跨度又是多么的漫长，而陈先生的评论该是何等的浑厚，在有限的仅能容纳区区三四百字的空间里又岂能说得清楚。

当然他评论一部大型地图集，仅仅让读者去参阅他已经发表的五篇评论其他图集的书评也是不够的，随这篇评审意见表中简要的评述，他还附上了一篇专评《山西省历史地图集》的六千余字的文章。

……

陈先生告诉我，他曾经五次赴山西，其中有两次是为了山西省地图集编委会编纂大型地图集的审定事宜，其他几次是为了考察。

“山西很古老，北魏的首都就在山西。山西是汉族的发源地，山西的西南部、陕西，还有河南是汉族发源地。太原太了不起了，应该编一本太原历史地图集，此外大同、平遥都可以单独编大型地图集。我认识山西的靳生禾、谢鸿喜、王尚义、陈恭善，他们都做了大量工作。在编纂山西大型历史地图集的过程当中，我只是提出让他们在搜集资料当中，注意搜集齐全，注意搞清楚有关疑难问题。”

他还特意说道：“山西政府非常重视大型地图集的编纂，帮助、支持的力度，在全国很少有的。”略微停顿之后，他又对“全国很少有”更正说：“全国第一。山西政府在编纂大型地图集当中组织、招聘了很多人才！”

——摘自谭曙方著：《时代的肖像——地图背后的故事》第五章陈桥驿五次到山西

# 《水经注校证》中的古代蚕桑

中国是世界上经营蚕桑业的最早国家。嫘祖发明育蚕制丝的事，当然仅仅是一种传说，但中国古代在欧洲以“丝国”见称，而从西安西达地中海的这条“丝绸之路”，也早就行旅频繁，则中国在蚕桑业经营上的历史悠久和规模宏大都是不容怀疑的。郦道元在《水经注》中也常常记及蚕桑，说明当时蚕桑业在国计民生中具有重要的地位。

《水经注》中记及育蚕的事不多，全书仅卷十浊漳水经“又东出山，过邺县西”下“三月三日及始蚕之月”，卷三十三江水经“又东过江阳县南，洛水从三危山，东过广魏洛线南，东南注之”下“蚕桑鱼盐”，卷三十六温水经“东北入于郁”下“八蚕之绵”，如此三处而已。但记及桑的卷篇却很多，既记及桑，当地无疑育蚕。此外，如卷三十三江水经“岷山在蜀郡氐道县，大江所出，东南过其县北”下，注文记及：“道西城，故锦官也。言锦工织锦，则濯之江流，而锦至鲜明，濯以他江，则锦色弱矣。遂命之为锦里也。”蜀锦是丝织品，当地当然盛行蚕桑。其实，郦注所记的地区，即今成都平原，至今仍然是我国蚕桑业最发达的地区之一，而蜀锦也仍然是我国著名的丝织产品。

蚕桑经营现在当然以南方为盛，北方除为数不多的柘蚕以外，植桑育蚕的事已没有所闻。但郦注记载的桑，主要在北方，说明我国古代的蚕桑业发轫于北方。而植桑、育蚕、制丝、织绸，这是一个连续的生产过程，当然也以北方为发达，广大的北方蚕桑区，这是“丝绸之路”的物质基础。

从郦注记载中可以窥及，古代北方植桑，其北限直到今山西省的北部。卷十三㶟水经“水出雁门阴馆县，东北过代郡桑乾县南”注云：“（于延）水侧有桑林，故时人亦谓是水为藂桑河也。”注文记及的今山西、河南、陕西各地，桑林甚多见，如沂水注的桑泉水、巨洋水注的桑犊亭、涑水注的桑泉等等，不胜枚举。

——摘自《水经注校证》（陈桥驿校证）第 319 ~ 320 页

附 1

# 中国古都学会关于大同古都文化保护与发展的宣言

（2010 年 9 月 22 日全体理事会议通过）

2010 年 9 月 19 日至 9 月 22 日，中国古都学会 2010 年年会在著名古都大同召开。来自全国各地的众多学者相聚在这里，经过实地考察、学术研讨，就古都大同的历史文化内涵、在中国古都中的地位以及文化遗产保护与利用，形成以下共识：

（一）古都大同是 1982 年国务院批准的第一批 24 座历史文化名城之一，有着数百年的建都史，在中国古都发展进程中占有重要的地位。

古都大同是北方少数民族入主中原建立北魏王朝的首都，此后的辽、金时期又成为重要的陪都。其中北魏在此建都九十六年，之前作为大代之南都六十三年，作为都盛乐时的北魏南都十二年，作为迁都洛阳后之北京四十九年，作为辽、金西京一百九十年，共四百一十年。

古都大同在中华民族和中华文化的形成与发展中有着重要的贡献，它是民族融合的大平台。在北魏时期，大同作为首都，成为以鲜卑族为主体的北方各少数民族与广大汉族民众相互融合的中心。在此后的辽金时期，陪都西京大同，又成为广大汉族民众与契丹、女真等少数民族相互融合的重要场所，从而在中华民族多元一体的历史发展进程中占有突出的地位。

古都大同又是中国都城建设的重要里程碑之一，北魏平城建设中许多重要规制和设计理念，影响到北魏洛阳、隋唐长安的都城建设，甚至波及域外的日本、新罗。目前，大同的城市框架基本保留了古都的概貌，为中国学术界对古都研究提供了珍贵的样本。

古都大同又为我们留下了丰富的历史文化遗存，如北魏云冈石窟，北魏平城遗址，北魏金陵、方山文明太后陵遗址，灵泉宫、灵泉池，北岳恒山悬空寺，辽金古建筑善化寺大雄宝殿、天王殿、普贤阁和华严寺薄伽教藏殿、大雄宝殿，辽金明清彩塑、壁画，明清大同府城城垣、里坊以及代王府九龙壁、广智门和宫殿遗址等，它们或为世界文化遗产，或为国家、省级重点文物保护单位。其内涵之丰富，形式之多样，工艺之雅致，在众多的中国古都中是不多见的。

古都大同还是中国文化发展的一个重要环节。在中国传统文化发展进程中，儒、释、道三教的相互融合占有突出的位置。以北魏平城为中心的佛教发展，促进了儒、释、道三教的激烈碰撞和融合，为中华文化的多元化发展起到了承前启后的重要作用。特别是它遗留下来的古代佛教艺术珍品，无论是北魏云冈石窟的五万多尊石雕，还是辽金华严寺、善化寺的彩绘泥塑，都是大同古都文化的重要组成部分，是中华民族文化独特的结晶。

有鉴于此，与会专家普遍认为，基于中华民族形成与发展多元一体的基本认识，中国古都学研究理应更加重视包括鲜卑、契丹、党项、女真等在内的各个民族的历史与文化，重视各民族政权都城独特的历史地位。其中大同作为国务院批准的第一批历史文化名城，我国历史上主流王朝北魏的国都、辽金的陪都，拥有丰富的都城文化内涵，在中国古代历史上占有特别重要的地位。常务理事会讨论中提出，古都大同以其在中国历史发展中的重要地位，堪跻中国大古都之列。这一观点获得了与会学者的热烈响应。

（二）大同近两年来开展的古都历史文化保护和发展的综合性、系统性工程，引起了与会专家学者的高度关注，大家认为：

1. 大同市有鲜明的古都文化理念。古都文化遗产延续城市的记忆，是这座城市的文化基因，是城市特色的重要体现。文化决定城市发展的本质特征，是城市内在的美。一个城市历史积淀越深厚，文化遗产保护得越好，城市的个性就越强，品位就越高，特色就越鲜明。正是基于这样的认识，大同市广大干部与群众才有了“古都文化遗产必须保护、传承，要整体保护、重点修复、科学规划、分步实施，要在规划、建设中注入古都文化基因，要在利用中更好地保护、传承”的理念。

2. 大同在古都文化保护中有明晰的工作思路。大同“一轴双城，分开发展；古今兼顾，新旧两利；传承文脉，创造特色；不求最大，但求最佳”都城文化保护的基本思路，正是20世纪50年代郑振铎、梁思成先生提出的避开文化遗产建设新城区以保护文化遗产的城市设计、规划理念的具体体现。

3. 大同在古都文化保护中有合理的运作方法。文化遗产保护工程包括云冈石窟周边环境的治理，上、下华严寺的整合与修复，善化寺、法华寺、关帝庙、文庙、帝君庙、纯阳宫、清真寺、代王府、古城墙和历史街区及古民居的修复，都是有历史依据并经过专家研讨、论证的；工程的规划与设计都是全国、全省著名专家的智慧结晶。修复工程努力按照中国传统样式并体现了其初创时代的建筑特点，利用传统设计、传统材料、传统工艺、传统结构，修旧如旧。这些具体做法保证了文化遗产保护和修复工程的科学性。

与会专家、学者认为，我国城市化正处于加速发展时期，文化遗产保护处于严重困难时期，目前许多历史文化名城、古都城市建设，依然采用“旧城改造”，即“拆除旧城区改建为现代化新城区”的建设模式，不可避免地对文化遗产造成严重损毁。这几年来以大同市为代表的一些古都城市，摒弃“旧城改造”建设模式，采用避开旧城、异地建设新城区的做法，为我国文化遗产的保护提供了新思路和新途径。与会专家、学者对大同市的工作与努力表示赞赏，并认为，大同城市建设的新理念、新模式——部分与会者称之为城市建设的“大同模式”，若能加以科学总结，并不断加以完善，必定能给全国各古都城市和历史文化名城的保护和建设工作以深刻启示，甚至为全世界文化的多样化发展提供弥足珍贵的参照，并极大地推动我国城市化进程中文化遗产的科学保护和合理利用，使城市更具个性、更有特色、更富魅力、更宜居住，让人民的生活更美好！

附 2

# 《大同宣言》发布的前前后后

安大钧

2010 年 9 月 22 日下午 4 时，中国古都学会第六届理事会在 2010 年年会上通过了《中国古都学会关于大同古都文化保护与发展的宣言》（简称《大同宣言》）。当晚，人民网、新华网、中国新闻网等主流媒体都以“大同跻身大古都之列”为题全文发表了这个宣言。

《大同宣言》仅有 2200 字，但其中反映的对古都大同的评价却倾注了众多著名专家学者的心血，是他们几十年潜心研究的成果。国学大师陈寅恪曾经指出：“隋唐之制度虽极广博纷复，然究析其因素，不出三源：一曰（北）魏、（北）齐，二曰梁、陈，三曰（西）魏、周。”佛学大师汤用彤在《汉魏两晋南北朝佛教史》一书中高度评价了北魏诸帝对中国佛教的贡献。国学大师任继愈先生在《中国佛教史》中也对大同在北魏平城时代、辽金两朝对佛教文化的重大贡献予以充分肯定。著名建筑学家、文物保护专家梁思成、林徽因在公元 20 世纪 30 年代就对大同北魏和辽金时期的历史文化遗存进行了全面而深入的调查，高度评价了大同在古代历史上的艺术成就。建国初期，著名考古学家宿白、罗哲文、裴文中等都对大同所在的雁北地区的文物进行过全面考察，充分肯定了大同历史文化遗存的价值。正是这些著名专家学者对大同的深入了解，1982 年我国在建立历史文化名城机制时，大同以北魏首都、辽金西京，历史文化遗存十分丰富为由，与北京、西安、南京、洛阳、开封一起成为首批国家历史文化名城。2004年，在国家历史文化名城专家委员会主任、两院院士周干峙的关注下，由建设部历史文化名城专家委员会委员王景慧指导，由国家历史文化名城委员会副主任委员曹昌智主持，有诸多专家应邀参与的《大同历史文化名城保护与发展战略规划研究》课题正式启动，经过两年多的实地考察和多次的研讨论证，终于成书出版。周干峙先生为此书撰写了序言。他在序言中说："大同是座边塞古城，不仅有2300多年悠久历史，而且做过北魏都城、隋唐军城和辽金西京，直到明清时期，还是长城一线九边重镇之首。在中国历史上，大同为抗击外来侵略，促进民族大融合，促成汉民族最初形成中华民族这个大家庭，做出过重大贡献。公元5世纪初，北魏平城的规划建设也曾在世界上独领风骚。平城时代积累的比较完备的规划理念及方法，对于我国后来规划建设的北魏洛阳、隋唐长安、元大都和明清北京城，都产生过深远的影响。成为中国城市发展史上一座重要的里程碑。大同历史文化底蕴极为丰厚，它所造就的勇于献身、艰苦奋斗的爱国主义精神和兼收并蓄、海纳百川的开放胸怀，乃至在佛教东渐中体现的创新意识与和谐共生的理念，至今依然闪耀着光华，促进着社会的进步和发展。"

《大同宣言》的通过是中国古都学会三任会长史念海、朱士光、萧正洪先生和名誉会长张文斌、刘庆柱及五、六两届副会长尹钧科、王尚义、许成、叶万松、韩品峥、陈文道、王岗、杨新华等关心支持的结果。史念海先生曾在大同组织了学会的1992年年会，极大地促进了对古都大同的研究；朱士光先生多次到大同考察，提出了许多真知灼见；萧正洪先生亲自对宣言进行修改；张文斌、刘庆柱先生多次到大同考察，提出了大同对中华民族、中华文化形成和发展的突出贡献；尹钧科、王尚义、许成、叶万松、韩品峥、陈文道、王岗、杨新华、叶晓军、李德方等副会长和秘书长、常务理事在2010年大同年会之前都曾应邀分批到大同考察并参加大同古都文化研讨会，提出了自己的独到见解。

《大同宣言》的通过是中国魏晋南北朝史学会的长期深入研究和鼎力支持的结果。其会长李凭先生、副会长李书吉、张庆捷先生等都是对北魏平城时代颇有研究、著作颇丰的资深学者。他们对古都大同在历史上的重要地位和卓越贡献都给了极高的评价。李凭先生在其著作中说："北魏以平城为中心的一个世纪，是大同历史上最辉煌的阶段，我们把它称为北魏平城时代。在北魏平城时代，无论中原还是周边的文明均齐聚于大同盆地，传统的农耕文明渗透入强劲的游牧文明之新鲜活力，引起了汹涌蓬勃的民族融合文化交流运动，大大丰富了中华民族的物质生活与精神生活，随着安定统一局面的逐步形成而得到整体升华，成为代表全体民族的中华文明。……平城因历史的契机确立了崇高的文明大古都地位，又因多姿的历史文化而影响至今，还因绚丽的云冈文物与艺术而辉映未来。"李书吉先生对北魏平城时代的系列性综合改革评价很高，认为是中国历史上三次最成功的改革之一。张庆捷先生是考古专家，对北魏平城的考古贡献突出。他对北魏平城丝绸之路颇有研究，揭示了中外文化在北魏平城的融合。

《大同宣言》的通过是众多的全国著名文化学者、美术史论家、雕塑家关心、指导的结果。"家有梧桐树，引得凤凰来。"出于对大同丰富的历史文化遗存的倾慕和对大同历史文化名城复兴的关注，从2008年2月到2010年8月，著名作家、画家、"文化守望者"冯骥才先生五赴大同，亲自提出并指导大同盘清文化家底，实施"新云冈计划"；余秋雨三赴大同，讲述北魏平城文化，宣讲"大唐从北魏走来"；著名美术史论家金维诺先生，著名美术家韩美林先生，著名雕塑家曾成钢、吴为山、陈云岗等也多次赴大同研究雕塑之都的丰厚资源，参与实施“新云冈计划”。

《大同宣言》的起草和修改过程也是本地研究人员不断研讨并邀请全国著名专家学者考察指导的过程。2009 年 7 月下旬，市委书记丰立祥收到了古都学会副会长王尚义的来信，希望能在大同再召开一次年会，专题研讨古都大同文化的保护和发展。丰立祥书记把信批转给了大同古城保护和修复研究会会长安大钧。安大钧组织研究会的副会长、常务理事先后三次进行了专题研究，分析了中国古都学会1992 年大同年会以来国内外专家对古都大同的新的研究成果，查阅了北魏明堂遗址、北魏平城一、二、三号遗址的考古报告，结合2008 年年初开始的历史文化名城的保护和修复活动，认为中国古都学会再在古都大同召开一次年会是完全必要的，也是中国古都学会对大同的大力支持。市委、市政府同意了研究会的意见，耿彦波市长表示会议由市人民政府具体承办。为了借会议的东风再次推进对大同古都文化的研究，紧锣密鼓地做好会议的准备工作，大同古城保护和研究会周密部署，先后开展了五次研讨活动：1. 2010 年 1 月 11 日举办了大同古都文化论坛，收到论文 35 篇，特邀中国古都学会会长朱士光、副会长王尚义、秘书长李令福提前到大同考察并与会给予指导；2. 2010 年 4 月特邀中国古都学会名誉会长、中国社科院学部委员刘庆柱先生和李毓芳研究员到大同考察并出席大同民族融合之都研讨会；3. 2010 年 5 月，特邀考古学家、佛学专家丁明夷和赖永海到大同考察并参加佛都大同研讨会；4. 2010 年 7 月，特邀中国古都学会名誉会长、国家文物局局长张文斌，魏晋南北朝史学会会长李凭、副会长李书吉、张庆捷到大同考察并出席改革之都北魏平城文化研讨会；5. 2010 年 8 月 4 至 7 日，特邀中国古都学会第五届理事会副会长尹钧科、许成、叶万松、韩品峥、陈文道，常务理事、副秘书长王岗、杨新华、李德方、叶晓军等到大同考察并参加大同古都文化研讨会。通过这一系列的考察、研讨活动，大同古城保护和修复研究会（大同古都学会），进一步认识到古都大同在中国古都史上的地位，着手起草《大同宣言》。2010年8月21日，安大钧应邀列席了在郑州举行的中国古都学会会长会议。会前，安大钧分别到郑州嵩山饭店3303房间和3305房间拜会了朱士光会长和李令福秘书长，汇报了大同年会的筹备情况和《大同宣言》起草修改情况及主要内容。在21日下午的会议上，按会议的最后一项议程，安大钧进行了汇报，但因时间紧迫没有让其汇报《大同宣言》的具体内容。2010年9月11日，安大钧对宣言进一步修改后（第六稿）用电子邮件发给了李令福秘书长。9月15日李令福秘书长将宣言连同与会人员名单用电子邮件发给了安大钧。2010年10月19日到22日，“古都大同城市文化建设学术研讨会暨中国古都学会2010年年会”在大同召开，共收到学术论文108篇，“这是学会历次会议上交流论文最多的一次”。108篇论文中，研究古都大同的论文有80多篇。会议期间，尹钧科、叶万松、王岗等都对宣言做了修改，最后由萧正洪会长亲自修改审定。通过宣言时朱士光老会长宣读并得到理事们热烈鼓掌表示赞同的正是萧会长定的稿。

中国古都学会通过的《中国古都学会关于大同古都文化保护与发展的宣言》中说：

“古都大同是1982年国务院批准的第一批24座历史文化名城之一，有着数百年的建都史，在中国古都发展进程中占有重要的地位。

古都大同是北方少数民族入主中原建立北魏王朝的首都，此后的辽、金时期它又成为重要的陪都。其中北魏在此建都九十六年，之前作为大代之南都六十三年，作为都盛乐时的北魏南都十二年，作为迁都洛阳后之北京四十九年，作为辽、金西京一百九十年，共四百一十年。

古都大同在中华民族和中华文化的形成与发展中有着重要的贡献，它是民族融合的大平台。在北魏时期，大同作为首都，成为以鲜卑族为主体的北方各少数民族与广大汉族民众相互融合的中心。在此后的辽金时期，陪都西京大同，又成为广大汉族民众与契丹、女真等少数民族相互融合的重要场所，从而在中华民族多元一体的历史发展进程中占有突出的地位。

古都大同又是中国都城建设的重要里程碑之一，北魏平城建设中许多重要规制和设计理念，影响到北魏洛阳、隋唐长安的都城建设，甚至波及域外的日本、新罗。目前，大同的城市框架基本保留了古都的概貌，为中国学术界对古都研究提供了珍贵的样本。

古都大同又为我们留下了丰富的历史文化遗存，如北魏云冈石窟，北魏平城遗址，北魏金陵、方山文明太后陵遗址，灵泉宫、灵泉池，北岳恒山悬空寺，辽金古建筑善化寺大雄宝殿、天王殿、普贤阁和华严寺薄伽教藏殿、大雄宝殿，辽金明清彩塑、壁画，明清大同府城城垣、里坊以及代王府九龙壁、广智门和宫殿遗址等，它们或为世界文化遗产，或为国家、省级重点文物保护单位。其内涵之丰富，形式之多样，工艺之雅致，在众多的中国古都中是不多见的。

古都大同还是中国文化发展的一个重要环节。在中国传统文化发展进程中，儒、释、道三教的相互融合占有突出的位置。以北魏平城为中心的佛教发展，促进了儒、释、道三教的激烈碰撞和融合，为中华文化的多元化发展起到了承前启后的重要作用。特别是它遗留下来的古代佛教艺术珍品，无论是北魏云冈石窟的五万多尊石雕，还是辽金华严寺、善化寺的彩绘泥塑，都是大同古都文化的重要组成部分，是中华民族文化独特的结晶。

有鉴于此，与会专家普遍认为，基于中华民族形成与发展多元一体的基本认识，中国古都学研究理应更加重视包括鲜卑、契丹、党项、女真等在内的各个民族的历史与文化，重视各民族政权都城独特的历史地位。其中大同作为国务院批准的第一批历史文化名城，我国历史上主流王朝北魏的国都、辽金的陪都，拥有丰富的都城文化内涵，在中国古代历史上占有特别重要的地位。常务理事会讨论中提出，古都大同以其在中国历史发展中的重要地位，堪跻中国大古都之列。这一观点获得了与会学者的热烈响应。

……

与会专家、学者认为，我国城市化正处于加速发展时期，文化遗产保护处于严重困难时期，目前许多历史文化名城、古都城市建设，依然采用‘旧城改造’，即‘拆除旧城区改建为现代化新城区’的建设模式，不可避免地对文化遗产造成严重损毁。这几年来以大同市为代表的一些古都城市，摒弃‘旧城改造’建设模式，采用避开旧城、异地建设新城区的做法，为我国文化遗产的保护提供了新思路和新途径。与会专家、学者对大同市的工作与努力表示赞赏，并认为，大同城市建设的新理念、新模式——部分与会者称之为城市建设的‘大同模式’，若能加以科学总结，并不断加以完善，必定能给全国各古都城市和历史文化名城的保护和建设工作以深刻启示，甚至为全世界文化的多样化发展提供弥足珍贵的参照，并极大地推动我国城市化进程中文化遗产的科学保护和合理利用，使城市更具个性、更有特色、更富魅力、更宜居住，让人民的生活更美好！”

中国古都学会的《大同宣言》不仅高度评价了古都大同在中国古都史上的重要的特殊的地位，而且提出了在古都学研究中应坚持的立场、观点和方法。这就是要站在多元一体的中华民族的立场上，站在多元汇流的中华文化立场上，平等对待中华56个民族在中国建立的政权及其都城，要克服“重汉轻夷”、“重中轻边”的错误思想，更加重视各少数民族在中国历史上做出的卓越贡献，更加重视各少数民族在中国历史上建立的较大政权。不仅充分肯定了大同在中国古都史上的重要地位，也高度评价了近年来大同开展的古都城市建设和历史文化名城的保护和修复工作。这是对大同的巨大支持。《大同宣言》发布的重大意义是不言而喻的。

《大同宣言》通过新闻媒体发布后，大同古城保护和修复研究会的专家学者并未觉得万事大吉。他们深知，大古都名片的获得并不像获得中国历史文化名城和中国较大城市桂冠一样，那是经过国家行政机关审批的国务院行文批准命名的，大古都只是学术界的一种承认（社会团体没有行政审批权、决定权），而要得到更多专家学者的承认、得到全社会的承认还要进行更多更深入的研究，还要经过更多更广泛的宣传。2011 年 8 月 30 日，大同古城保护和修复研究会与大同佛教协会共同举办了两岸四地佛教文化论坛，来自内地、台湾、香港、澳门的专家学者、高僧大德对大同佛教文化进行了深入研讨，充分肯定了大同佛教在中国佛教史上的特殊重要的地位。2012 年 5 月 20 日至 23 日他们又邀请刘庆柱先生、李毓芳先生和王维坤先生到大同考察，专题研究了“北魏平城的规划与建设及其在东亚的影响”；今后他们还计划邀请全国著名专家学者进一步专题研究大同是“中国佛都”、“民族融合之都”、“文化融合之都”、“中国古代改革开放之都”等专题。两年来，大同古城保护和修复研究会建立大同历史文化资料库的工作也取得了重要进展，为研究工作奠定了良好的基础。

《大同宣言》发布后，社会舆论上对大同跻身大古都之列还是比较认同的，从百度搜索上、从诸多网站上即可得到证实；但也有一些不同意见，这完全是正常的、可以理解的，当年的杭州、安阳、郑州跻身大古都时不是也有一些反对意见吗？至于有极个别人说什么《大同宣言》是仓促上阵的，是逼人就范的，有“绑架”之嫌。这完全是罔顾事实的瞎说或是不了解具体过程而产生的误解。2012 年 5 月 18 日百度大同贴吧曾发过这样一个帖子：“2012 年 5 月 10 日，我去贵阳参加教育部组织的有关会议，在吃午饭时有幸和西安的两位专家坐在一起。他问我是哪人，我说是大同。他就说起古都学会在大同开会的事。我说，很感谢你们，将大同评为第九大古都。他吃惊地说，没通过啊！听他一说，我更感到吃惊！他说：大古都需要有三个条件，大同并不满足，但大同对古都学会会议准备很充分，对专家招待也很好，虽然投票没通过，但古都学会也不好直说大同没通过，所以发表声明说‘大同堪跻中国大古都之列！’其实并未通过。”到底通过未通过，有录音录像为证，有与会人员为证，有“堪跻”词义说明，笔者也无需解释。本文交代了宣言发布的前前后后，其用意就是释疑解惑，澄清是非，以正视听。

（2012 年 9 月 11 日《大同日报》刊载）

附 3

# 试论“中国大古都”的构成要件与生成环境

## ——为纪念中国古都学会成立30周年而作

叶万松　安大钧　韦　娜

（叶万松　韦娜，洛阳市文物考古研究院，河南洛阳，471000；安大钧，大同古城保护和修复研究会，山西大同，037006）

**【摘要】** 关于中国大古都的特征，早在战国时期（公元前403年—公元前221年），儒家经典著作《春秋公羊传》、《春秋谷梁传》就指出：“天子之居，必以众、大之辞言之。”本文通过北京、西安、洛阳、南京等九座“中国大古都”城市的古代都城有关文献记载、考古资料和研究成果的分析，提出构成“中国大古都”城市的四个客观要件：古代都城占地规模，古代都城人口规模，累计建都年限，以及古代都城必须具备的“中国政治、文化中心”的历史地位；前三个客观要件构成了中国大古都古代都城的时间、空间，以及城市的主体，而第四个客观要件则构成了中国大古都古代都城的城市性质。本文同时还认为古代都城占地规模和古代都城人口规模是一个动态的、发展的概念，不同历史时期有着不同的构成标准。本文指出，中国大古都产生和存在的社会基础，是国家的统一或局部统一（南北对峙）所造就的社会稳定与经济繁荣，而漕运之路，则是中国大古都城市得以生存的生命线。为此提出了国家统一或局部统一（南北对峙）的和平环境，强盛的国家经济力及其以国都为中心的自然资源开放型系统，是中国大古都得以形成与发展的社会环境。纵观我国几千年的文明发展史，在中国统一或局部统一（南北对峙）的主干（主体、主流）王朝时期，在先秦时期所称的“九州”大地上，连续出现中国的大古都城市，既是数千年来形成的以中原地区（或历经沿革扩大了的中原地区）为中心，以中原外围为边疆地区的中国古代疆域格局的体现，也是自上古五帝以来形成的礼制“立都必居中土”之使然。

**关键词：** 中国大古都；城市；构成要件；生成环境

中国古都学会自1983年成立至今整整30个春秋。在这30年里，我国的古都学研究，凭借中国古都学会这个学术平台，凝聚全国古都学研究人才，组成了一支老、中、青相结合的科研队伍。这是一支在中国古都学研究中不可忽视的中坚力量，这支队伍中既有年长的资深专家，更多的是中青年优秀学者。我们以为这支队伍最鲜明的特点是，他们长期生活在各个古都城市，从事古都研究与保护工作，他们既谙熟自己所在城市的历史，又有一种拂之不去的古都情结。正是他们的不懈努力，使中国古都学研究，在这30年里，不断取得丰硕的学术成果。但是，我们在为这些优秀成果的取得欢欣鼓舞的同时，也应该注意到，在中国古都学研究中，对基础理论的研究，存在严重的不足。譬如说，在这几年里学会内部出现的关于命名"中国大古都"、"中华几朝名都"的争论中，就反映出这方面存在的问题。

自20世纪30年代史学界出现将西安、洛阳、北京、南京、开封、杭州分别命名为中国大古都之"四都"、"五大名都"、"六大都会"开始，"中国大古都"就成为学术界，更成为中国社会所关注的问题。紧随20世纪30年代"中国六大古都"之后，20世纪80年代出现了安阳入列"中国七大古都"，21世纪初的2004年和2010年郑州和大同又跻身"中国大古都"的行列，于是分歧和争论就出现了，并有愈演愈烈之趋势。这些分歧和争论表现在中国古都学会内部，亦反映在社会上。例如有学者就提出西南边陲的云南大理是"中华六朝名都"，应入列"中国九大古都"，为此还创立了所谓"多元一体下的中华古都论与中华九大古都"理论——"大理古都学"[1]。综合这些争论，我们认为争论的关键点在于什么是入列中国大古都城市的标准。

## 一、历史的回顾：观点综述

在中国大古都城市（以下简称“中国大古都”或“大古都”）认定的同时，很自然地产生了大古都认定标准的理论。早在20世纪30年代初，就有学者以建都次数、建都历时、地理形势、经济状况等为标准，或遴选西安（长安）、洛阳、开封、南京、杭州、北平（北京）为“历史上之六大都会（1930）”；或遴选西安（长安）、北平（北京）、洛阳、南京、开封为“中国五大名都（1931）”；也有学者以西安（长安）、洛阳、南京（金陵）、北京为中国古都中最高等级大古都之“四都”，开封（汴京）、杭州（临安）因建都历时较短、历史遗迹亦不若“四都”，列为第二等级大古都，与“四都”并称中国大古都之“六都（1934）”。有学者指出，在20世纪30年代之所以提出“五大古都”，是以全国性的首都为标准的，加上杭州为“六大古都”，是因为杭州尽管只做过半个中国的都城，但其城市的繁华不亚于甚至超过“五大古都”，而且如今也都是大城市。[2]也有学者认为“六大古都的形成并不是偶然的。在地理位置和山川地形方面，都具有十分优越的条件；在建城定都前，都曾作过非常精心周到的规划设计；而且，这些古都不仅是当时全国的政治、经济和文化中心，也是举世闻名的国际都市。这几点都属于今天研究作为大古都基本条件的主要依据”[3]，“在历史上，朝代有大小之分，建都时间有长短之别，把一度作为一个独立政权的都城定为古都是符合历史事实的；一个现代城市要获得古都的称号，还须符合另一种历史事实，即当年的古都所在地是不是落于现在这个城市的境域中。六大古都的情况都一样，都是从这两方面符合历史事实的”[4]。

目前对大古都的认定标准，学术界还没有形成共识。中国大古都从“七大古都”到大同“堪跻中国大古都之列”的认定进程中，学术界出现过许多观点。例如有学者提出了认定中国大古都的五个条件，即：1. 建都历史悠久（200 年以上）；2. 地理位置和山川形势优越；3. 是全国政治、经济、文化的中心；4. 城市建设宏伟；5. 延续发展成为全国著名的城市。[5]也有学者认为认定中国大古都最主要的标准有四个：1. 我国历史上主流或主体、主干王朝或政权的都城；2. 有着较长的作为都城的时间，一般而言应在 200 年以上；3. 有着相当大的城址规模；4. 在它遗址上或其近旁存在后续城市，且应当是国家级或较高级别规格的区域性的政治、经济、文化中心。[6]再有学者认为：第一是这个古都在一段时间内作过全国的政治中心，比如先前的“七大古都”，都曾是全国的政治、经济、文化中心城市，这是基本条件；第二个条件是这个古都在中国的历史上起过很特殊的作用，在这一点上“七大古都”均有自己独特的价值；第三是这个古都要和现代的城市有某种关联，[7]还有学者提出了衡量中国大古都的九条量化标准，分别是建都时间，都城性质，都城所代表的政权疆域幅员，都城对政权的控制程度，遗址存在的保留程度，现今城市的政区等级，古都与现今城市的重合度，古都与现今城市的继承性，综合知名度。[8]近年来更有学者提出认定“中华大古都”的六大标准：1. 中华历史上的大一统王朝、中华主体统一王朝或对中华历史进程有直接推动作用、重大影响及对后来中国版图的完整性有重大贡献的其他王朝都城。其他王朝指建国 200 年以上，鼎盛时期疆域跨今中国四个省（区）以上（约 90 万平方公里以上）；2. 建都时间 200 年以上（不含封国、诸侯国、古国方国、临时政权都城和陪都）；3. 有相当大的规模以及国际影响力；4. 尚保有较大规模的都城遗址、标志性文化遗产；5. 失去都城地位后，仍作为区域政治、经济、文化中心持续至今；6. 全国历史文化名城。[9]

综合上述各家观点，我们衡量轻重，非常赞同“谈古都首先应着重历史上的实际情况，不应以古都的后身今天城市大小为取舍标准”[10]的观点，同时认为当今中国已经全面进入了“城市化（“城镇化”）”的时代，就根本不存在所谓“当年的古都所在是不是落于现在这个城市的境域中”的问题了。我们以为，认定“中国大古都”的着重点在于其自身的历史，其中带有关键性的学术标准，主要是两条，一是城市规模，二是它的文化内涵所表现的历史地位。

古代都城首先是国家权力的中心，凡都城者都有城郭、宫殿、宗庙、社稷、衙署等建筑，这是其共有的特征。那么，何为“大古都”？顾名思义，因其大也。何为“大”？“在体积、面积、数量、力量、强度等方面超过一般或超过所比较的对象”（《现代汉语词典》），称为“大”。所以我们说，其都城规模之“大”，就是大古都的最直观的，也是最主要的特征。在我国古代早就有学者指出天子之都城的特征，一是“大”，面积大；二是“众”，人口多。“京师者何？天子之居也。京者何？大也，师者何？众也。天子之居，必以众、大之辞言之（《春秋公羊传·桓公九年》）”；“京，大也，师，众也。言周（笔者按：指成周城）必以众与大言之也（《春秋谷梁传·文公九年》）”；“京师者何谓也，千里之邑号也。京，大也，师，众也。天子所居，故大、众言之（《白虎通义·京师》）”；“京，大也，师，众也。大、众所聚，故谓之京师（张方平：《乐全集·论汴河利害事》）”；“大、众所聚，故曰京兆（《天中记·京兆尹》）”，等等。古代国都之所以是“大与众”，是等级森严的礼制所规定的。“惟王建国，辨方正位，体国经野，设官分职，以为民极”，新义：“宫门城阙堂室之类，高下广狭之制，凡在国者，莫不有体，此谓之体国（《周礼·天官》）”。例如西周时期就规定，天子之城方九里、高九仞；公侯之城方七里、高七仞；侯伯方五里、高五仞；子男方三里、高三仞。[11]我们以为古代国都之所以是“大与众”，其思想根源来自于帝王的“普天之下，莫非王土；率土之滨，莫非王臣（《诗经·北山》)”，唯我独尊、唯我独大的“余一人”[12]思想，所谓“道大、天大、地大、王亦大，域中有四大，而王居其一焉”。河上公注：“道大者，包罗诸天地无所不容也；天大者，无所不盖也；地大者，无所不载也；王大者，无所不制也（《道德经·上篇》)。”这种思想的源头，根据国外民族学资料，则可以追溯至原始社会末期文明（国家）萌芽时期出现的“贵族的感情”；[13]其贵族之间不可僭越的等级规定，则根源于我国上古五帝时代的“执中”，即“执其两端，用其中于民（《礼记·中庸》)”的“中和”治国理政理念，“子曰：礼乎礼，夫礼所以制中也（《礼记·仲尼燕居》)”。[14]

其实，一个国家都城之“大”之“众”，是它的外部形态，是一个外在的“量”的指标，但它所反映的却是这个国家内在的“质”，即它的经济实力，社会稳定、文化繁荣的程度。我们以为，大古都城市的外部形态主要是用三个方面来体现：一是城池面积大；二是城市人口多；三是累计建都年数长。而它的“质”则由大古都城市的特殊历史地位，即中国政治、文化的中心来体现。从某种意义上讲，这种表现中国大古都的“质”和“量”是统一的。唯物辩证法认为，一切事物都具有一定的质和一定的量，是质和量的统一。

我们以为，对中国大古都的认定，既然是一个学术问题，就应该保证它的科学性，做到公正、公平与客观。这就要求我们，一是必须坚持一视同仁的原则，不管它是中国历史上哪个民族建立的王朝，不管是否是主流骨干王朝，不管它地处经济发达的中原地区还是闭塞偏僻的边陲山区，凡是在中国版图内的古代都城，都一视同仁，不搞双重标准；二是必须坚持历史的、发展的原则，中国大古都应该是一个动态的、发展的文化概念，不同历史时期的标准是不一样的，但有一点是必须坚持的，它都应该是现中国版图内某一个历史时期独一无二的，或者是并驾齐驱的大型的古都城市。

为了统一认识，必须建立起确认“中国大古都”的比较完整、科学的系列参数。为此，本文拟从目前入列“中国大古都”的九座城市——北京、西安、洛阳、南京、开封、杭州、安阳、郑州、大同——所包含的王朝的都城谈起，以寻觅“中国大古都”形成与发展的历史规律。

## 二、中国大古都城市的都城占地面积

我国古代把营建都城称之为“营国”，“营”者，经营、谋划，“国”者，国都也。古代都城作为政治、经济、文化活动的中心，在建城定都前，都曾作过非常精心周到的规划设计。我们以为，数千年来历代都城不管作何等规划设计，其空间最基本的布局，都遵循着“筑城以卫君，造郭以守民”（《吴越春秋》）与“内为之城，城外为之郭”（《管子·度地》），即宫城（王室）居内，郭城（居民商业区）居外的原则。目前我国境内现有各个历史时期大大小小的古都200余座，那么多大的都市规模才能进入大古都的行列呢，对此，我们必须以历史的、发展的观点予以分析，以期获得结论。

### （一）夏、商、周时期（前2070—前256年）

（1）夏朝

目前学术界认定属于夏代晚期的都城遗址是洛阳偃师二里头遗址。从考古发现看，二里头遗址发现的遗址范围“大约南北长2～2.5公里，东西宽2.5公里，面积5～6平方公里”；也有学者认为面积为9平方公里。[15]

（2）商朝

目前学术界公认的商代都城遗址分别是商代早期的偃师商城遗址、郑州商城遗址，商代晚期的安阳殷墟遗址。

①偃师商城，位于河南洛阳偃师，偃师商城分为早晚两期，早期城址平面呈长方形，面积81万平方米，晚期是在早期城址的基础上向北和东北方面扩建而成，平面呈“厨刀形”，城墙总长度约5500米，面积近200万平方米（2平方公里）。[16]

②郑州商城，位于河南郑州，郑州商城由宫城、内城和外城（外郭城）组成。内城呈不规则长方形，四周为夯土城墙，总面积约3.18平方公里，外城呈不规则形，南、北、西三面有夯土城墙和护城河，东部则以湖泊为天然屏障。郑州商城总面积约25平方公里。[17]

③殷墟是商代晚期都城遗址，位于河南安阳。根据考古发现，殷墟的总体面积从殷墟文化早期的约12平方公里发展到晚期的约30平方公里。[18]

（3）周朝

①西周京城由丰京与镐京组成，位于西安长安县。丰京在丰河西岸，镐京在东岸。考古调查与发掘表明，总面积逾25平方公里。[19]

②成周城，即称洛邑，为西周的东都，位于河南洛阳。据文献记载：“乃作大邑成周于土中，立城方千七百二十丈，郭方七七里”（《逸周书·作雒篇》）；成周城“东西六里十一步，南北九里百步”（《帝王世纪》）；“城内南北九里七十步，东西六里十步，为地三百顷一十二亩”（晋《元康地道记》）。有学者以1汉里=300步×6尺=1800×0.23米=414米进行换算，认为成周城南北宽3826~3864米，东西长2498~2499米，占地约10平方公里。[20]

③东周的都城王城，位于河南洛阳。根据晋《元康地道记》记载：“王城南北九里七十步，东西六里十步，为地三百顷一十二亩三

十六步。"据考古发现实测，周王城东周王城城址呈不规则长方形，南北长约3500米，东西宽约3000米，四周有夯土城墙，面积约10平方公里。[21]

**（二）秦汉魏晋南北朝时期（前221—589年）**

（1）秦朝都城

秦都咸阳城位于渭河北岸咸阳市。咸阳城址现存面积约20平方公里。秦始皇统一中国后又在渭河南岸秦咸阳城的上林苑增建著名朝宫——阿房宫，遗址面积约8平方公里。[22]咸阳城外还有许多皇室离宫，如"咸阳之旁二百里内宫观二百七十"（《史记·秦始皇本纪》）。

（2）汉朝都城

①西汉都城长安城，位于陕西西安市。根据《玉海·汉长安城》引《汉旧仪》记载："长安城方六十三里，经纬各长十五里"，"地九百七十三顷"。经考古钻探，西汉长安城城址平面呈近方形，面积34.39平方公里。西汉时在汉长安城西建离宫"建章宫"；又在南郊修建礼制建筑以及上林苑、昆明湖等，仅"王莽九庙"面积就达2.2平方公里。[23]

②东汉都城雒阳城，位于洛阳市。《后汉书·郡国志》刘昭注：东汉雒阳城"《帝王世纪》曰：城东西六里十一步，南北九里一百步；晋《元康地道记》曰：城内南北九里七十步，东西六里十步，为地三百顷一十二亩有三十六步。"由于城南北长约当时的九里，东西宽约当时的六里，故文献称之为"九六城"。据考古发现，东汉洛阳城略呈不规则长方形，城周为夯筑城墙，实测东墙3895米，西墙4290米，北墙3700米，南墙因洛水河道北移而冲毁，以东西间距计2460米，城墙周长约14500米，残高1~7米，城池总面积约10平方公里。雒阳城外有皇家苑囿、明堂、大学、辟雍等礼制建筑，城西还有佛教寺院白马寺。[24]

（3）魏晋都城洛阳城

曹魏黄初元年（220），魏文帝曹丕定都洛阳，西晋泰始元年（265）晋武帝定都洛阳，他们都是在东汉洛阳城的基础上进行复建或扩建，其城池规模基本上没有突破东汉都城的范围。

（4）南北朝

①北魏都城平城，位于山西大同市。平城由宫城和外郭城组成。根据文献记载，“太祖（道武帝）欲广宫室，规度平城四方数十里，将模邺、洛、长安之制。”（《魏书·莫含传》）太宗泰常七年（422）九月“辛亥筑平城外郭，周回三十二里”（《北史·魏本纪》）。有研究认为，平城东西宽七里，南北长九里，面积超过了东汉都城雒阳城。[25]若以南北朝时期1里=300步×6尺=1800×0.245米=441米进行换算，平城面积约12.3平方公里。

②北魏都城洛阳城：北魏太和十九年（495），魏孝文帝迁都洛阳。

北魏洛阳城由宫城、内城和外郭城组成。根据文献记载，北魏景明二年（501），修筑外郭城，“京师东西二十里，南北十五里”（《洛阳伽蓝记·城北》），若南北朝时期1里以441米换算，占地面积约58.34平方公里，根据考古钻探报告，发现了北魏外郭城的东、西、北三面夯土城墙，[26]由于历史上洛河北移，冲毁了汉魏洛阳城和北魏外郭城的南城墙，均已无迹可觅。我们初步计算了北魏外郭城已知范围，东西间距约10900米，北城墙至现洛河北岸距离5140米，面积达56平方公里，若加上被洛河北移侵吞的部分，面积应与文献记载相当。所以，它应该是我国南北朝时期北方最大的都城。

③六朝都城建康城位于今南京市，东吴、东晋、宋、齐、梁、陈六朝都城。

孙权黄龙元年（229）迁都建业，文献记载“初，吴以建康宫地为苑，其建业都城周二十里一十九步”（《建康实录·吴》），至梁武帝（501—549）时，建康城已大面积地扩建，“西至石头城，东至倪塘，南至石子冈，北过庄山，东西南北各四十里”（《太平寰宇记·升州》），它与北魏洛阳城南北呼应，共同构建了我国南北朝时期最大的都城。

**（三）隋唐宋时期（581—1279 年）**

（1）隋大兴唐长安城，为隋唐两代都城。唐建国后改大兴城为长安城，并在城北增建大明宫。宋代宋敏求撰《长安志》记载唐京城“外郭城东西一十八里一百一十五步，南北一十五里一百七十五步，周六十七里，其崇一丈八尺”。经考古钻探，城址平面呈长方形，东西 9721 米，南北 8651.7 米。面积达 83.1 平方公里，由外郭城、宫城、皇城、大明宫、兴庆宫、各坊市及芙蓉园、曲江池等园林组成。其中唐代增建的大明宫占地面积约 3.2 平方公里。[27] 1958 年有学者曾经将当时初步钻探所得的数据（西城墙全长 8470 米、南城墙全长 9550 米、东城墙全长 7970 米、北城墙全长 9570 米）与文献记载对比，平均东西相差 285 步，南北相差 44 步，基本相符。[28] 根据上述考古资料，隋大兴城占地面积约 79.9 平方公里，唐长安城占地面积约 83.1 平方公里。

（2）隋唐东都洛阳城，位于今洛阳市区。根据《唐六典》卷七记载，外郭城“东面十五里二百一十步，南面十五里七十步”。城址经考古钻探实测，平面呈近方形，东城墙长 7312 米，南城墙长 7290 米、西城墙长 6776 米、北城墙长 6138 米，周长约 27.5 公里，城池面积约 47.3 平方公里。[29] 若再加上西城墙外的西苑、上阳宫，城市占地面积则远远超过 50 平方公里。

（3）北宋东京汴梁城，位于今开封市区。据记载，北宋京都汴梁城由皇城（又称宫城、大内）、内城（又称里城、旧城、阙城）、外城（又称新城、罗城）三重城廓组成，“旧城周回二十里一百五十五步……新城周回五十里百六十五步”（《宋史·地理志》），据考古勘察，外城呈东西略短、南北稍长的长方形，东墙长7460米，西墙长7490米，南墙长6690米，北墙长6940米，周长29 125米，折合宋里约52里（一般认为宋一里约合559.827米），与文献的记载50里165步基本吻合。[30]城市占地面积约50平方公里。

（4）南宋都城临安城，位于今浙江杭州，是在唐末五代时期吴越国都的基础上扩建而成。根据《浙江通志·城池》记载：“杭州府城池:《元丰九域志》隋杨素创，周回三十六里九十步。《资治通鉴》唐昭宗景福二年，钱镠发民夫二十万及十三都军士，筑罗城，周七十里。《咸淳临安志》绍兴二十八年增筑城东南之外城……”临安城左临钱塘江、右傍西湖，形若腰鼓，故宋时就有“腰鼓城”（《吴越备史·武肃王》）之称。根据《中国文物地图集·浙江分册》记载，临安城分宫城和外城，宫城（皇城、大内）面积为30万平方米。外城南北长约14里，东西宽约5里，城四周有城墙和护城河。[31]根据有关文献记载，临安城的居民住宅已突破城墙的束缚，向城外迅速扩张。如《西湖老人繁胜录·街市点灯》记载宁宗庆元年间（1195—1201），临安岁节街市点灯，“巷陌爪札，欢门挂灯，南至龙山，北至北新桥四十里，灯光不绝。城内外有百万人家，前街后巷，僻巷亦然”[32]，仅南北市区已从城墙内的14里扩张至城墙内外40里。若东西仍以5里计算，那么，南宋临安城市面积实际已经突破50平方公里。

**（四）元、明、清时期（1206—1912年）**

（1）元代都城大都城，位于北京市。元世祖忽必烈夺取皇权以后，在金中都之北营建国都，称“大都”，“金海陵徙都大兴，宣宗奔汴。元世祖改为燕京路，今旧南城是也。至元四年始定鼎于中都之北三里，筑城围六十里，九年改为大都（《钦定日下旧闻考·京城总纪》）。”据文献记载，元大都“城方六十里”（《元史·地理志》）。经考古钻探，元大都城平面呈长方形，北城墙长6730米，东城墙长7590米，西城墙长7600米，南城墙长6680米，周长28600米，面积约50平方公里。[33]

（2）明南京城，位于江苏南京市。始建于元至正二十六年(1366)，“南京洪武二年九月始建新城，六年八月成。内为宫城，亦曰紫禁城……皇城之外曰京城，周九十六里……其外郭洪武二十三年四月建，周一百八十里”（《明史·地理志》）。明南京城由外郭、京城、皇城、宫城四重组成。京城占地面积为55平方公里。[34]尽管外郭城将历代古城以及钟山、幕府山、雨花台等军事制高点全都包入，从而使明南京城成为当时全国乃至全世界最大的城，但南京城的主体依然是京城。[35]该外郭城墙系“朱元璋为加强京师的防卫”而修建，“除设城门地段砌以砖石，其余均利用山埂培土夯筑而成”。[36]有学者认为，明初南京城外郭城城墙的修建，是“从战术需要出发，因地制宜地利用山脉、水系的走向构筑城池，将必须利用的制高点全部圈进城内”，是“为了弥补外城（即京城）墙在防卫上的缺陷，又在其外建造了南京城的警戒阵地——外郭城，控制（即京城）城外的制高点”[37]。

（3）明、清北京城：明永乐元年（1403）开始营建新都北京城。“皇城之外曰京城，周四十五里……嘉靖二十三年筑重城，包京城之南，转抱东西角楼，长二十八里”（《明史·地理志》）。明北京城平面布局为“凸”字形，面积约62平方公里。[38]

清顺治元年（1644），清朝统治者占领北京城之后，很快就把这里定为都城。清代北京城的城市建筑格局没有发生大的变化，基本维持着明代的旧貌。

**（五）中国大古都城市都城面积的发展规律**

为了客观地反映上述都城的规模，一是利用考古勘探和研究成果，二是将某些尚未考古勘探的都城根据文献资料进行换算，于是我们获得了如下都城规模的数据：

偃师二里头（夏代晚期）遗址：5～6平方公里；

偃师商城（商代早期）遗址：2平方公里；

郑州商城（商代早期）遗址：25平方公里；

安阳殷墟（商代晚期）遗址：30平方公里；

西安西周丰京与镐京遗址：25平方公里；

洛阳西周成周城遗址：10平方公里；

洛阳东周王城遗址：10平方公里；

咸阳秦都遗址：28平方公里；

西安西汉长安城遗址：34平方公里；

洛阳东汉雒阳城遗址：10平方公里；

洛阳曹魏、西晋洛阳城遗址：10平方公里；

大同北魏平城：12平方公里；

洛阳北魏洛阳城遗址：58平方公里；

西安隋大兴城遗址：80平方公里；

西安唐长安城遗址：83平方公里；

洛阳隋、唐东都城遗址：50平方公里以上；

开封北宋汴梁城遗址：50平方公里；

杭州南宋临安城：50平方公里；

北京元大都遗址：50平方公里；

南京明京城：55平方公里；

北京明、清北京城：62平方公里。

明南京城的外郭城“因山控江”（《明一统志·南京》），是完全基于军事防卫需要而修建的，其城市的居民商业区依然在京城内。由此我们认为，一个没有市民——城市主体——居住和生活的外郭城，根本不可能具备城市功能[39]，因而也不可能成为都城的有机组成部分。鉴于公平、公正的原则，本文排除外郭城而采用京城（亦称外城）的数据，作为明南京城占地面积。另，文献记载六朝南京建康城“东西南北各四十里”，若以南北朝时期1里441米进行换算，占地面积约300多平方公里。有研究指出，六朝建康城由都城和宫城组成，都城“周围二十里十九步”，在建康城外围，还有石头城、金城、白马城、冶城和丹阳郡城，拱卫都城，为都城的前哨和军事堡垒；[40]有学者认为六朝建康城实际上是以都城为核心的城市群，他形象地称之为“群星拱月的建康”。六朝建康城的这种以都城为核心的城市群布局，在秦汉时期就已经出现，他将这种历史现象称之为“古代的首都圈”。他认为，“首都圈可以分成直辖区与外围区两部分，首都直辖区是首都行政上直接管辖的近郊区，一般为数县、十余县，大者达二十余县”。例如“汉京兆尹所辖长安等12县，面积达8599平方公里，19万余户，68万余人。在京兆尹之外尚有‘三辅’的左冯翊与右扶风45县。它们拱卫在首都长安周围，形成严密的首都圈”，而六朝建康城“是我国继秦都咸阳、汉都长安以后形成的又一个城市群”[41]。我们以为，这种“古代首都圈”不仅见于中原，也出现在边陲，如唐宋时期的南诏、大理国，形成了以国都太和城、阳苴咩城为核心，包括龙口城、大厘城、三阳城、龙尾城，并由驿道相连结的首都城市群。[42]所以“古代首都圈”的问题，是有待于深入研究的学术课题，本文不作讨论。不过我们以为，南朝建康城的城市规模，尽管已突破孙吴建业城城垣的束缚，但其占地面积若以“东西南北各四十里”（约300平方公里）认定，对其他大古都城市而言，恐有失公允。所以，南京六朝建康城占地面积的确认，有待于今后的考古调查、发掘与研究。

根据上列数据，特绘制“中国大古都都城占地面积演变示意图”（图一）。

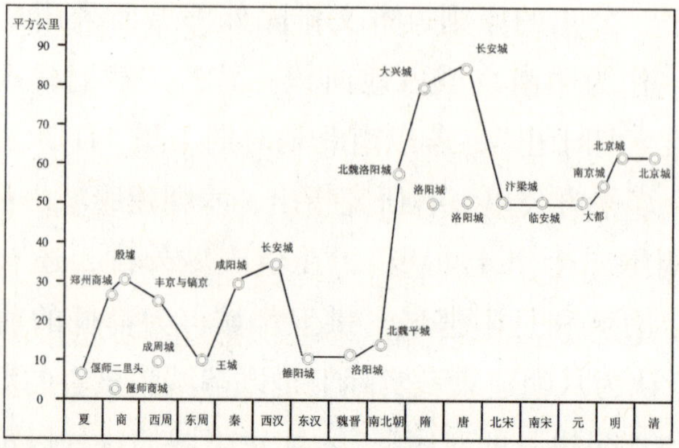


图一　中国大古都都城占地面积演变示意图

根据该图，我们可以看出：

（1）我国古代大古都城市（城池）规模的扩大，从夏代晚期的不足10平方公里，逐渐扩大至东汉、曹魏、西晋的10平方公里，再扩大至隋、唐、宋、元、明、清的50平方公里以上。

（2）在都城城市（城池）规模的扩大过程中，出现了三个高峰期，其一是商代和西周时期，城池面积扩张至25～30平方公里；其二是秦、西汉时期，城地面积扩张至28～34平方公里；其三是隋、唐时期，首都大兴、长安城城池面积达到79.9～83.1平方公里，其陪都东都洛阳城的面积亦超过50平方公里。

（3）在都城规模发展过程中必须注意到曹魏时期邺城、北魏时期平城和洛阳城的作用。是它的外郭城里坊布局促使我国古代后期的都城，定格在50平方公里以上的规模。

（4）我国大古都都城规模有很长一个历史时期徘徊在10平方公里左右，这主要发生在东周、东汉、曹魏和西晋时期的洛阳，究其原因，可能是由于：第一，国家经济实力相对不足，第二，受洛阳盆地自然环境的制约。对此，有待于进一步深入研究。

## 三、中国大古都城市的都城人口规模

城市是指“人口集中、工商业发达、居民以非农业人口为主的地区，通常是周围地区的政治、经济、文化中心”（《现代汉语词典》）。城市是人创造并生活的地方，是人类历史发展到一定阶段的产物，“鲧筑城以卫君，造郭以守民，此城郭之始也”（《吴越春秋》），不可否认“人”是城市的主体，所以研究城市，自然离不开人；城市人口，是指居住在城市内的人的总数，是城市规模的一个重要标志。中国古都的人口是一个比较复杂的学术问题，这主要是因为古代文献缺乏确切的户口记载。不过许多学者还是做了大量的研究工作，这些研究有助于我们对大古都城市的人口规模有了一个大概的了解。

### （一）夏、商、周时期（前2070—前256年）

关于夏代及商代早期都城人口，未见记载，也未见有关研究文章。

关于商代晚期殷都的人口，有学者认为殷都初期为1万人，到了中期发展到了3万多人，到后期人口则发展到了5万人。也有学者认为殷墟都城人口最多时近30万人。还有学者认为，截至1991年以前发表的考古资料，殷墟历年发掘的殷代墓葬累计已达6277座，从早到晚分为四期。根据各期的数量比，推算出其人口增长速度。若盘庚迁殷时殷都的人口，以文献记载“曷震动万民以迁”（《尚书·盘庚下》）的1万人计算，那么至武丁时都邑人口就增至7万人左右。文丁以前都邑总人口约略增至12万人以上，乙辛时则大概达到14.6万人以上。[43]本文采用殷都人口最多时达14万人的说法。

西周丰镐两京的人口，史书没有明确记载，有研究者估计时有居民在15万人以上。[44]

关于东周王城的人口，有关研究文章认为，公元前650年，周襄王二年，洛邑约有人口11.7万人；公元前249年，秦庄襄王元年，"以吕不韦为丞相，封为文信侯，食河南洛阳十万户"（《史记·吕不韦列传》）洛阳有人口50万人。[45]不过也有对这50万人口提出质疑的，认为这个食邑应该是虚封，大概有六成就算不错了。按照当时一户为5口算，当时在洛阳附近大概生活了30万人[46]。我们倾向于30万左右的说法。吕不韦食邑洛阳距东周亡于周赧王五十九年（前256年）仅8年时间，所以这个户数可作为东周末年王城人口的参考。

**（二）秦汉魏晋南北朝时期（前221—589年）**

（1）秦都咸阳。《史记·秦始皇本纪》记载，秦始皇二十六年（前221）"徙天下豪富于咸阳十二万户"有学者认为，"这是一个惊人的数字，每户以五口人计算，仅迁来的就有六十万人，合原有的，至少有七十万人。"[47]此外，咸阳还生活着一大批刑徒，从事营城和建陵劳役，"隐宫徒者七十余万人，乃分作阿房宫，或作骊山"（《史记·秦始皇本纪》），所以秦都咸阳人口，有户籍人口加上无籍的驻军和刑徒，则远远超过50万人。

（2）西汉长安城。据《汉书·地理志》记载，西汉平帝元始二年（公元2年）长安城有"户八万八百，口二十四万六千二百"。有学者认为，"《汉书》所载人口不只是编户齐民，基本包含了所有在籍人口，因此，从长安人口构成推算，在籍人口24至27万，加上无籍人口至多不过30万"[48]；也有学者认为平帝元始二年的在编人数，"若并皇族、兵士及其他人口计算在内，当在三十万以上"[49]；也有学者认为，长安户均人口2.8人，明显低于《汉书·地理志》记载京兆尹所辖12县“元始二年户十九万五千七百二口六十八万二千四百六十八”的户均人口3.49人，若按京兆户均人口计算，长安在户人口当为28.19万人，再加上皇族、士兵及其他人员，长安人口当在50万人左右。[50]

我们认为，元始二年系西汉末年，不是西汉国力最强盛、经济最繁荣的时期，所以这个人口数还不应是汉长安人口高峰时期的人口数。此外还要考虑到如下社会现象：（1）长期以来受到“不孝有三，无后为大”（《孟子·离娄》）传统思想的影响，汉长安城户均人口绝不会低于3人，起码应与京兆尹户均3.49人持平，若以户均5人计算，在籍人口当为44万以上；（2）自汉元帝（前48—前32年）以后，土地兼并越来越严重，地主阶级的社会势力更加强大，出现了儒士、官僚、地主、商人四位一体的豪族地主。这些豪族地主侵占良田，畜养奴婢，成为危及国家政权的社会问题。文献不仅记载皇帝宫内有许多宦官和宫女，而且“诸侯王、列侯、公主、吏二千石及豪富民，多畜奴婢”（《汉书·哀帝纪》）；“诸侯妻妾或至数百人，豪富吏民畜歌者至数十人”（《汉书·贡禹传》）。以致于哀帝（前6—前1年）发布限婢令：“诸侯王奴婢二百人，列侯公主百人，关内侯吏民三十人。”这些侍妾、歌者、奴婢都是属于无籍人口。此外，汉长安还长期生活着一批刑徒，汉代早期者如惠帝三年“六月，发诸侯王列侯徒隶二万人城长安”（《汉书·惠帝纪》），汉代末年者如王莽“上下贪贿，莫相检考，民坐挟铜炭，没入钟官，徒隶殷积数十万人，工匠饥死，长安皆臭”（《后汉书·隗嚣传》）。1972年陕西泾阳西北发现西汉刑徒墓地（《文物》1972年7期）。上述在籍和无籍人口，再加之皇族、军队，构成了西汉末年长安城的常住人口，其人数在60万左右。

（3）东汉洛阳城，文献没有明确记载。有学者认为东汉时期洛阳人口约为19万人；[51]有学者认为洛阳城内人口约20万人，加上郊外人口，总数至少有50万人[52]；也有学者认为，东汉永元十二年（100）洛阳定居人口达51万人[53]。

东汉洛阳城内不仅皇帝有宦者彩女，“后宫彩女数千余人”（《后汉书·宦者列传》），皇亲国戚、权贵大臣私畜奴婢更是当时普遍的现象。“豪人之室，连栋数百，膏田满野，奴婢千众，徒附万计”（《后汉书·仲长统传》）。例如文献记载窦融有“奴婢以千数”（《后汉书·奸窦融传》）；梁冀“以纳奸亾或取良人悉为奴婢，至数千人”（《后汉书·仲长统传》）；马援后裔马防兄弟有“奴婢各千人”（《后汉书·马援传》）。此外，洛阳还有一批从事各种劳役的刑徒，如“永建九年（125）九月，诏书修太学，刻石记年，用作工徒十一万二千人”（《水经注·谷水》）。1964年在洛阳偃师西大郊村发现东汉刑徒墓地，就清理出522座刑徒墓葬。[54]由此，我们认为洛阳人口达50万人应该是一个保守的数字。

（4）魏晋洛阳城。有学者根据《通志·历代户口》曹魏景元四年（263）曹魏所辖州县有户663 423，口4 432 881的记载，推算曹魏景元年间洛阳所在的司隶州有口约50万左右，洛阳人口在30万以上。[55]

晋朝洛阳城内的无籍人口中除了皇族、驻军以外，还有太学的学生和官宦之家的史户、兵户、部曲、奴婢。如洛阳偃师东大郊村太学遗址出土西晋咸宁四年（278）的“大晋龙兴皇帝三临辟雍皇太子又再莅之盛德之颂”碑，记载晋时太学学生“集至万有余人”[56]。西晋时期豪门贵族莫不畜奴，多者上千，少者上百，文献记载如：苟晞有“奴婢将千人，侍妾数十”（《晋书·苟晞传）；王戎有“家僮数百”（《初学记》注引徐广《晋纪》）；石崇有“苍头八百余人”（《晋书·石苞传》）；张方攻入洛阳，“大掠洛中官私奴婢万余人，而西还长安”（《晋书·张方传》）。由此，我们认为魏晋洛阳人口为40万左右。

（5）北朝北魏平城。有学者认为，北魏太和十七年（493），平城城区人口大约30万[57]；也有学者统计，仅道武帝时期，从北方各地向平城京畿迁徙的人口就有150余万人[58]，直至冯太后临朝称制，“把平城建设成一座市井繁华，人口百万，中国历史上最大的城市”[59]。

（6）北朝北魏洛阳城。《洛阳伽蓝记·城北》记载，北魏景明二年（501）洛阳城“户十万九千余”。按《通典·食货》记载的464年的户口比率系数5.17计算，洛阳城在籍总人数约56.3万。[60]

北魏时洛阳也是豪门贵族畜婢成风。如高阳王元雍“给羽葆、鼓吹、虎贲班剑百人……僮仆六千，妓女五百”；陈留侯李崇也是“富倾天下，僮仆千人”（《洛阳伽蓝记·城南》）；河涧王元琛“妓女三百人”（《洛阳伽蓝记·城西》）。北魏时洛阳是一座国际大都会，官府专门在城南建“四夷馆”接待外国宾客，划出“四夷里”赐宅居住，以致“乐中国土风因而宅者，不可胜数。是以附化之民，万有余家”（《洛阳伽蓝记·城南》），也就是说当时5万余外国人定居洛阳。此外北魏佛事殷盛，洛阳寺院多达1300余所，国内外僧侣云集，各寺僧人少者数十，多者逾千，如《洛阳伽蓝记》记载，城东秦太上君寺，“受业沙门，亦有千数”，城西永明寺“百国沙门，三千余人”。若以均30人计算，洛阳僧人可达40万人，如此等等，加上皇族、驻军，我们认为北魏洛阳人口应超过100万人。

（7）南朝建康城。根据《太平寰宇记·升州》记载，“按《金陵记》云，梁都之时，城中二十八万余户”，按每户平均5人计算，约140万人。有学者认为这是以建康城为核心的建康城市群的人口数。[61]我们认为，这些人主要应该居住在建康城，若以其60%或70%

估算,南朝梁代(502—557 年)建康城的有籍人口亦应在 90 万左右,再加上皇族、官吏、僧人、驻军,以及侍妾、歌者、奴婢等无籍人口,我们以为建康城人口可达 100 万。

**(三)隋唐宋时期(581—1279 年)**

(1)唐代长安城。天宝元年(742)京兆府京兆郡"领户三十六万二千九百二十一,口百九十六万一百八十八,领县二十。"(《新唐书·地理志》)徐松《两京城坊考》"长安县所领四万余户,比万年县为多,浮寄流寓,不可胜计。"又有当代文献记载长安人口在百万以上。如显庆元年(656)玄奘迎接御制大慈恩寺碑时,"京都士女,观者百余万人"(《大唐大慈恩寺三藏法师传》卷九);韩愈《论今年权停选举状》则云:"今京师之人不啻百万",等等。现代学者对长安人口的估算,有认为在 50 ~ 60 万,也有认为在 70 ~ 80 万,而多数学者则认为在 100 万左右。[62]

(2)关于隋唐时期洛阳人口,有学者认为在 50 万左右[63],也有学者认为"在隋唐 300 年中,洛阳的人口一直保持在 100 万以上"[64]。

(3)北宋东京汴梁城人口数字缺乏准确的记载,不过从一些记述来看,如"京师户口日滋,栋宇密接,略无容隙"(《宋名臣奏议》卷一百),"以其人烟浩穰,添十数万众不加多,减之不觉少"(《东京梦华录·民俗》),"比汉唐京邑民庶十倍"(《宋史·河渠志》),可知当时京城人口众多,而且是超过汉唐时期的都城。对北宋汴梁城人口,根据残存的、不完整的史料记载,有学者推测为 120 万人,有推测为 140 万人[65];有推测为 150 万人[66];有推测崇宁元年(1102)城区人口为 82.5 万左右。[67]

(4)南宋临安城的人口,多部宋人的著录都记述超过百万。"杭州人烟稠密,城内外不下数十万户,百十万口"(《梦粱录·米铺》);"城内外有百万人家"(《西湖老人繁胜录·街市点灯》);"今中兴行都已百余年,其户口蕃息,仅百万余家者”(《都城纪胜·坊院》)。现学者研究南宋临安人口,或有主张70多万人者,但多数学者认为逾百万人,或124万人,或150万人,显然已经超过北宋东京汴梁城的人口。[68]其中有学者认为,“当时临安的人口分为城内与城外两大部分,其中城内人口八九十万,城外有四十万人,总计一百二三十万人。”[69]

**(四)元、明、清时期(1206—1912年)**

(1)关于元大都的城市人口,有研究认为,至元七年(1270),户7.1万,口18.4万;至正十一年(1351),户21.1万,口95.2万。[70]也有研究认为,中统五年(1264),户4万,口14万;至元八年(1271),户11.95万,口88万;泰定四年(1327)户21.2万,口92.5万;至正九年(1349),户20.8万,口83.4万人。[71]由此,我们以为元大都人口已达到90万以上的规模。

(2)关于明代南京城的人口,有学者认为,明代初年,南京城有人口70万人,其中居民47万,另有驻军42个卫约20多万人,明太祖迁各地匠户4.5万户,20多万人,又迁江、浙、湖、广等9省15府的富家大户1.43万户“充实京师”,等等,以致南京人口达到120万。[72]

(3)关于明代京师北京城的城市人口,有学者认为,正统十三年(1448),户27.3万,口96万;万历六年(1578),户17.92万,口85.1万;天启元年(1621),户15.12万,口77万;崇祯二年(1629),口70万。[73]也有学者认为,明正统十三年(1148),96万;弘治四年(1491),85万;天启元年(1621),77万,加上30万军户,总人口107万左右。[74]我们以为,明北京城人口规模应在100万左右。

(4)关于清代京师北京城城市户口,有学者认为,顺治四年(1647),65.9万;顺治十四年(1657),68.4万;康熙二十年

(1691), 76.69 万；康熙五十年（1721), 92.48 万；干隆四十八年（1781), 98.69 万；光绪八年（1882), 108.5 万；宣统二年（1910), 112.88 万。[75]也有学者认为，顺治四年（1647), 53.9 万；顺治八年（1651), 42 万；康熙三十九年（1710), 69 万；康熙五十年（1721), 76.67 万；嘉庆五年（1800), 110 万；道光元年（1821), 130 万；道光五年（1825), 135 万；光绪八年（1882), 77.61 万；宣统二年（1910), 106 万。[76]根据以上各家研究成果，我们以为，清北京城曾达到 110 万以上人口规模，是各家都可以接受的。

**（五）中国大古都的都城人口规模发展规律**

综合上述研究成果，我们以为我国九大古都在各个时期城市人口规模应该体现在如下数据之中：

安阳殷都：14 万人；

西安丰、镐两京：15 万人；

洛阳东周王城：30 万人；

咸阳秦都：50 ~ 70 万人；

西安西汉长安城：60 万人；

洛阳东汉雒阳城：50 万人；

洛阳魏晋洛阳城：30 ~ 40 万人；

大同北朝北魏平城：100 万人；

洛阳北朝北魏洛阳城：100 万人；

南京南朝梁建康城：100 万人；

西安唐长安城：100 万人；

洛阳唐东都：100 万人；

开封北宋汴梁城：100 万人以上；

杭州南宋临安城：120 万人以上；

北京元大都：90 万人以上；

南京明南京城：120 万以上；

北京明京城：100 万人；

北京清京城：110 万人以上。

根据上列数据，特绘制“中国大古都人口规模演变示意图”（图二）。

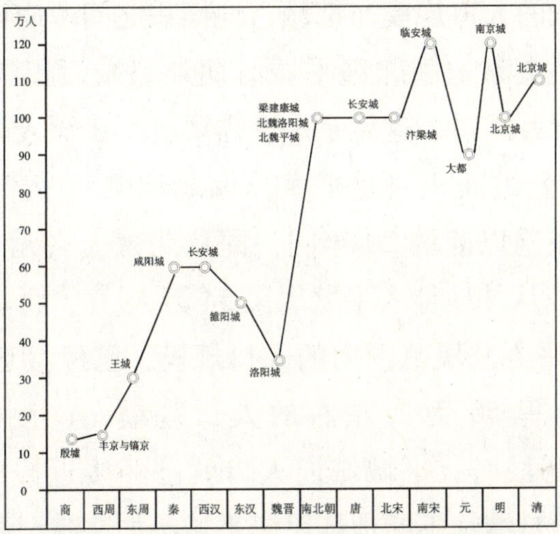


图二　中国大古都都城人口规模演变示意图

根据该图表，我们以为：尽管我国大古都人口是一个非常复杂的问题，但是从目前的研究成果，我们还是可以看出其变化规律，这就是商代晚期和西周时期都城人口在 15 万左右，东周时期发展到 30 万人左右，秦、汉时期上升至 50 万左右，魏晋时期下降为 35 万左右，南北朝时期的北魏、梁的都城人口有一个非常大的发展，达到 100 万左右。唐代都城人口在 100 万左右，宋至明清的都城人口都超过 100 万，而其中以元大都人口为低谷，南宋临安城和明初南京城人口为高峰。其中杭州，曾经有学者所指出：“杭州尽管只做过半个中国的都城，其城市繁荣昌盛程度，却不亚于，甚或有过于全国性的五大古都”[77]，我们认为，“人”作为城市的主体，南宋临安人口的总量，应成为历史上的杭州“城市繁荣昌盛程度”的一个重要标志。

由于史料的匮乏，都城人口规模的研究充满着争议，以致一些学者不愿涉猎。尽管如此，我们认为，本文所提出的人口规模演变的脉络应该是清晰的，反映了当前学术界的研究成果，其中包括我们的一些观点和看法。此外我们还以为，其中一些具体问题还有待于深入探讨，例如，都城的人口规模与都城占地面积之间本应该有个合于规律的对应关系，但文献记载北魏平城时期外郭城面积约 12 平方公里，显然容纳不了百万人口，这就是一个需要进一步深入研究的课题。我们认为 12 平方公里面积只是平城早期北魏明元帝泰常七年（422）的城市规模。在这以前的 20 年间，即从北魏天兴元年（398）至泰常三年（418），从外地徙入平城居民 54 万人[78]，再加上原有的平城住民，平城 12 平方公里范围内的人口规模，已经接近或超过东汉雒阳城 10 平方公里 50 万人左右的人口规模，这说明在泰常七年（422）修筑外郭城时，平城城内人口就已经接近或处于饱和状态。但由于其后依然是继续不断地徙民于平城，如文献记载，自北魏太武帝始光三年（426）至太平真君九年（448）的 22 年间，仅有明确记载的，大规模地徙入京师平城的人口就有 23 万人以上。[79]人口的大量徙入逼使平城后期城市规模突破外郭城的束缚，向城外扩张。根据文献记载，北魏太武帝正平元年（451），将徙民 5 万余户约 25 万余人安置于包括京城郊区的近畿之地，“以降民五万余家，分置近畿”（《魏书·世祖纪》）[80]，说明此时平城的城外人口亦已趋于饱和状态。由此看来，平城的百万人口自然应是包括外郭城外的人口数。我们还以为，北魏迁都洛阳，在东汉、魏晋时期都城的基础上，扩大城市范围，规划并建设了 323 个坊，修筑了外郭城墙，以安置居民。[81]增建外郭城使得北魏洛阳城的城市面积，从汉、魏晋时期的约 10 平方公里，猛增到58平方公里。这种作法既是平城城市规划的继承，也是总结了平城外郭城面积过于狭小的教训。其实，本文的许多古都城市人口规模的数据，都应是包括京城城内和城外的人口，例如南宋临安城，文献明确记载“杭州人烟稠密，城内外不下数十万户，百十万口”（《梦粱录·米铺》）。

## 四、中国大古都城市的累计建都年数

由于中国历史悠久，许多古都城市是多个王朝建都，以已经被誉为大古都的九个城市为例。

洛阳：夏，200年；商（西亳），200年；西周（成周），275年；东周，514年；东汉，165年；曹魏，45年；西晋，46年；北朝北魏，39年；隋（东都），25年：唐（东都），255年；五代后梁，4年；五代后唐，13年；五代后晋，1年；北宋（西京），167年。共历时（含陪都）1969年。

西安：西周，275年；秦，144年；西汉，228年；东汉（西京），176年；曹魏（西京），45年；西晋，5年；十六国前赵，10年；十六国前秦，32年；十六国后秦，33年；北朝西魏，21年；北朝北周，24年；隋，25年；唐，286年。共历时（含陪都）1304年。

北京：西周燕、蓟，275年；十六国前燕，6年；五代刘燕，6年；辽（南京）187年；金，61年；元，97年；明，224年；清，268年。共历时（含陪都）1124年。

郑州：商（郑亳），200年；春秋郑，396年；战国韩，145年。共历时741年。

南京：东吴，51年；东晋，103年；南朝宋，59年；南朝齐，

23年；南朝梁，55年；南朝陈，32年；五代南唐，39年；明，276年（国都53年，陪都224年）；太平天国，11年；民国，22年。共历时（含陪都）671年。

大同：北朝大代南都，63年；北朝北魏（魏初南都12年，国都96年，陪都40年），148年；辽、金（西京），186年。共历时（含陪都）397年。

开封：战国魏都（大梁），141年；五代后梁，16年；五代后晋，11年；五代后汉，4年；五代后周，9年；北宋，168年；金（南京），21年；明（陪都），10年。共历时（含陪都）380年。

安阳：商，254年；曹魏（邺城，王都4年，陪都44年），48年；十六国后赵（邺城），15年；十六国冉魏（邺城），2年；十六国前燕（邺城），13年；北朝东魏（邺城），16年；北朝北齐（邺城），27年。共历时（含陪都）375年。

杭州：五代吴越，72年；南宋，152年。共历时224年。

在这九大古都中，累计建都时间最长的是洛阳，长达1969年，其次是西安与北京，分别为1304年与1124年，最短的则是杭州，224年。这些数据固然能说明各个古都城市深厚的文化积淀，但我们必须指出的是，为这些城市奠定中国大古都地位的是，这些古都城市都曾经作为中国历史上主干（主体、主流）王朝的都城（陪都）——洛阳作为夏、商、周、东汉、魏、晋、北魏、隋、唐、北宋的都城或陪都，西安作为西周、秦、西汉、隋、唐的都城，北京作为辽、金、元、明、清的都城或陪都，南京作为东吴、东晋、南朝宋、齐、梁、陈六朝以及明代的都城或陪都，开封作为北宋的都城，杭州为南宋的都城，等等——为中国历史所创造的辉煌。

## 五、中国大古都城市必须具备的历史地位

中国历史上的都城，无论是统一的，还是分立的国家政权，都是其政治、经济、文化的中心，这是由都城的主要职能决定的。现在，既然认定的大古都要冠以“中国”这一定语，那么这些古都城市则必须是对中国历史发展产生过全局性的影响，亦即在某一历史时期成为中国的政治、文化中心。我们以为符合这个条件的，只能从中国古代历史上统一或局部统一（南北对峙）的主干王朝（或有人称之为主流王朝、大王朝）的都城中产生。这些王朝一般应以各类汉语词典，例如《现代汉语词典》所附录的《我国历代纪元表》所列王朝为准。

已被学术界认定的九个古都城市，我们以为完全符合或基本符合“我国古代政治、文化中心”这一客观标准。

古都北京、西安、洛阳是多个统一的主干王朝的都城，是我国古代重要的政治、文化中心，也是名誉世界的国际大都会。从某种意义上讲，北京、西安、洛阳在中国大古都的地位，是其他大古都城市无法比肩的，可列为中国大古都之首。例如宋代史学家司马光就形象地评价过洛阳的历史地位，他说：“若问古今兴废事，请君只看洛阳城”（《过故洛阳城》）。现代有谚语说：“中华四千年（历史）看洛阳，三千年（历史）看西安，五百年（历史）看北京”，是也。

古都南京也是多个王朝建都的城市。在20世纪30年代，就有学者将北京、西安、洛阳、南京并称，誉为“中国四都”，“此四都之中，文学之昌盛，人物之俊彦，山川之灵秀，气象之宏伟，以及与民族患难相共，休戚相关之密切，尤以金陵（南京）为最。”[82]有学者如此评价南京，我以为是非常客观的：南京“十代为都，前后共约

四百八十七年。建都时间虽不是很长，但历次成为国都，多是在历史转换的重要关头，意义非同一般。六朝正值中国封建社会前期向中期过渡之际；南唐则处在中国又一次由统一而分裂的五代十国时期；明代是在经历元末纷争之后的又一次统一；中华民国的诞生，则是中国两千年封建社会的终结……南京作为'十朝都会'，其历史跨度甚长，上起三国，下至现代。不论是'宇内混一'的帝京，还是'偏安江左'的都城,都在中国历史上作出了重要贡献"[83]。

古都郑州与安阳分别是我国先秦时期商代早期和晚期的都城。商代是我国古代强盛的奴隶制国家，是中国处于"国家形成和酝酿统一的时期"[84]的重要的主干王朝。中国夏商考古发掘与研究成果表明了夏、商王朝及其都城在中国历史上的重要地位，"夏、商二代承替延续千年之久。中国古代文明由早期形成阶段至夏商时期趋于成熟并走向繁盛，创造出独具特征的绚丽灿烂的青铜文化，在中国文明发展史上占有重要地位，并对其后数千年间中国社会的基本走向产生了深刻的影响"；"公元前 2000 年至前 1000 年间，拥有共主地位的夏王朝、商王朝相继建都中原。在夏、商都城及辅畿地区社会经济、政治的发展都达到同时期最高水平。这时，在黄河、长江流域及周围各大文化区中，中原地区崛起为光芒四射的文明中心"。此外还进一步提出，"商代青铜礼器文化圈的出现，标志着在史前多元一体格局基础上，趋同的文化心理、思想观念、价值取向和政治制度在进一步形成中，以华夏为核心的民族认同心理和亲和力在形成中"[85]。由此我们认为，郑州商城和安阳殷都，作为商代早期和晚期的中国政治、文化的中心，是名副其实的。

古都开封和杭州，它的辉煌主要是在北宋和南宋时期。它们虽是中国局部统一（南北对峙）时期的都城，但其城市占地面积和城市人口规模都远远超过与它同时的辽、西夏、金和大理国的都城。[86]由于北宋汴梁城的建设保存了封建社会前朝后市、左祖右社的都市格局，但又打破了隋唐时期都市坊、里布局的限制，开我国城市“厢坊”制——犹如棋盘的街巷布局之先河。这种都市建设使“首都兼具经济都会的特色”，促使汴梁城日益繁华，成为中国经济、文化的中心，中国对外经济文化交流的中心，成为当时国际上首屈一指的大都会。[87]甘心偏安南方的南宋政权，大规模进行都城建设，增建宫殿，规划厢坊，扩大市区，把临安城建设成为中国的经济、文化中心，国际大都会。直至元代，杭州依然很繁华，被意大利旅行家马可·波罗称为“世界上最美丽华贵的城市”，“堪为世界其他城市之冠”。[88]

北宋汴梁城和南宋临安城虽是中国局部统一（南北对峙）时南中国的政治中心，但也有学者认为其历史地位，比肩统一王朝的都城：“元人修史，虽以辽、金与《宋史》分别撰述，然后世看来，《宋史》是堪与隋唐诸史并列的，也应是统一王朝的历史，所以开封的地位可以比肩于西安和洛阳。南宋诚然沦为偏安局面，《宋史》之中并没有把南宋摒出，使之另成一史。这样，杭州就和开封相抗衡，作为统一王朝的都城，相沿成俗，竟成故事，也用不着再有什么变动。”[89]

古都大同最辉煌的历史是北魏平城时代。在南北朝时期，北魏的崛起，统一北方，结束了北朝五胡十六国分裂割据的局面，成为与南朝宋、齐对峙的北方强国。北魏“模邺、洛、长安之制”（《魏书·莫含传》）营建国都平城，以其规模之大、人口之众，且“富有四海”（《北史·任城王云传》），成为北中国政治、经济、文化的中心。[90]在唐代诗人视野下的北魏平城故城，虽然已是“城阙摧残犹可惜，荒郊处处生荆棘”，但依然宏伟壮丽，风韵犹存，“灵台山立，壁水池圆；双阙万仞，九衢四达；羽旄林森，堂殿缪镐”（张嵩《云中古城赋》)；“池桑乾之水，苑秦城之墙。百堵齐矗，九衢相望。歌台舞榭，月殿云堂”（吕令问《云中古城赋》）。此外，北魏平城又凭借着“平城丝路”沟通西域，成为丝绸之路的东方起点。“使京师平城这个当时中国北方第一大城很快成为了一个闻名遐迩的国际大都会”[91]；“平城变成了一座大规模的国际都市”[92]。在深入探索北魏平城历史地位时，有学者认为它是“‘和’文化（儒家文化核心之一）交流与传播中心”，“南北文化交流和传播中心”[93]；也有学者认为它是“北中国名副其实的佛都”，“当时的宗教中心”[94]；或认为“是当时集政治之都、经济之都、佛教之都、民族融合之都的国际大都会”[95]，等等。《中国古都学会大同宣言》指出：古都大同在北魏和辽金时期是汉族与鲜卑族、契丹、女真等少数民族相互融合的中心和重要场所，同时北魏平城建设中许多重要规制和设计理念，直接影响到北魏洛阳、隋唐长安的都城建设，甚至波及域外的日本、新罗，是中国都城建设的重要里程碑之一。在中华民族和中华文化的形成与发展中有着重要贡献。[96]所以我们认为，北魏平城以及尔后的北魏洛阳城，与南朝建康城共同构筑了中国南北朝时期的政治、文化中心。

## 六、中国大古都城市的构成要件与生成环境

根据以上对中国已经确认的“大古都”的九个古都城市的叙述，我们认为，构成中国大古都城市的客观要件是：

（1）大古都都城占地面积

先秦时期：9 平方公里以上（其中：夏，9 平方公里；早商：25 平方公里；晚商，30 平方公里；西周 25 平方公里；东周，10 平方公里）。

秦至西汉：30平方公里左右（其中：秦，28平方公里；西汉，34平方公里）。

东汉至北魏前期：10平方公里以上（其中：东汉至西晋，10平方公里；北魏平城时期，12平方公里）。

北魏后期至隋唐：50平方公里以上（其中：北魏洛阳时期，58平方公里；隋唐时期，大兴城80平方公里，长安城83平方公里，东都洛阳50平方公里）。

宋至清代：50平方公里以上（其中：北宋至元时期，50平方公里；明清时期，62平方公里）。

（2）大古都都城人口规模

商代晚期和西周时期，15万人左右；

东周时期，30万人左右；

秦、汉时期，50万人左右；

魏、晋时期，35万人左右；

南北朝时期至唐代，100万人左右；

宋时期，100万人以上；

元时期，90万人以上；

明、清时期，100万人以上。

（3）大古都城市累计建都年限

200年以上。

（4）大古都城市的历史地位

古代中国的政治、文化中心。

以上就是我们理解的各个不同时期中国大古都的空间条件、人口条件、时间条件，以及其必须具备的历史地位。也就是说，前三个客观要件构成了大古都都城的时间、空间，即大古都“这个运动着的物质存在的基本形式”[97]，以及城市的主体，而最后一个客观要件则构成了大古都都城的城市性质[98]。总之，它们构成了中国大古都的核心的、本质的内容。

我以为，这四个构成要件互相依存，不可缺失。现试举二例予以说明，一是春秋战国时期的各诸侯国国都；二是唐宋时期南诏、大理国国都云南大理。自周平王东迁洛阳至秦统一中国的500年间，我国进入了以大国诸侯为核心的多元政治格局。春秋时期是诸侯争霸的“无义战”时期，据统计仅楚、晋、齐、秦、郑、宋、鲁、吴、越等国就灭掉了150多个国家，最后形成了战国时期燕、齐、秦、楚、魏、赵、韩等七国争强的政治局面。当时东周王朝虽国力衰竭，丧失“礼乐征伐自天子出”的政治格局，但洛阳王城仍是作为诸侯承认的共主周天子的国都，而存在于中原大地。而其他各诸侯国，如齐、楚、秦，虽国力强盛，国都城池面积接近，甚至超过洛阳东周王城（如临淄齐国故城约15平方公里[99]；楚都纪南故城约15平方公里[100]；秦都雍城约10平方公里[101]），但这些古都城市中没有一个诸侯国都城，能凌驾于其他城市之上，对我国历史产生全局性的影响，成为中国政治、文化的中心，所以它们都不能入列中国大古都城市。云南大理尽管有516年建都历史，但其都城占地面积（太和城5平方公里，阳苴咩城3.61平方公里[102]）、都城人口（京畿地区30万人[103]）都根本无法与同一历史时期的唐长安城、唐洛阳城、北宋汴梁城、南宋临安城比肩，同时它又偏居中国西南边陲，在历史上从来没有成为中国政治、文化的中心，从来没有对我国历史产生全局性的影响，所以它同样不能入列中国大古都城市。

从本文图一、图二中我们可以看到我国古代大古都发展的规律，即城市规模和人口规模的发展是与当时国家统一、社会的稳定，与经济的发展密切地联系在一起的。商、西周、秦、西汉和隋、唐是我国古都发展的几个高峰期，同时这些时期又是我国奴隶社会、封建社会的发展期和鼎盛时期，这绝对不是巧合，而正是大古都殷、丰镐、咸阳、汉长安、隋大兴城、唐长安城，以及隋唐东都洛阳城出现的时代背景。而北魏平城、洛阳城的出现，又处于中国北方社会从分裂走向统一，城市内部结构发生重大变化的转折点。东吴、东晋至梁、陈的建康城又是由于南北朝时期南方社会安定，经济的发展。尔后的宋、元、明、清诸朝的都城虽属中国封建社会中晚期，但其繁荣，亦都与当时国家的统一或局部统一（南北对峙）、社会安定、经济发展休戚相关。

国家的统一所带来的社会安定、经济繁荣，屡见于文献记载，如西周“成康之际，天下安宁，刑措四十余年不用”（《史记·周本纪》）；西汉初年“从民之欲而不扰乱，是以衣食滋殖，刑罚用稀”（《汉书·刑法志》），“至武帝之初，七十年间，国家亡事，非遇水旱，则民人给家足，都鄙廪庾尽满，而府库余财、京师之钱累百巨万，贯朽而不可校；太仓之粟，陈陈相因，充溢露积于外，腐败不可食。众庶街巷有马，阡陌之闲成群”（《汉书·食货志》）；唐初实行“去奢省费，轻徭薄赋，选用廉吏，使民衣食有余”政策，造就了“海内升平，路不拾遗，外户不闭，商旅野宿”（《通鉴纪事本末·贞观君臣论治》）的太平盛世。又如北宋时期推行“轻赋薄敛”、“和戎安边”的政策，使得“国用殷实”，南宋“虽失旧物之半，犹席东南，地产之饶，足以裕国”（《宋史·食货志》）。学术界一般认为，宋代社会经济处于相对稳定的发展阶段，成为中国封建社会经济的又一发展高峰，这个时期中国北方战事频繁，经济萎缩，人口流失，而南方社会安定，经济得以迅猛发展，长江下游、太湖流域逐渐成为世界上经济最为发达的地区。经济的发展促使城市人口增加，有学者统计，宋代有户10万（约50万人）以上的大城市在40个左右，而北宋汴梁城和南宋临安城城市规模达50平方公里，人口达到百万人以上，成为雄居世界东方的国际大都会。宋朝画家张择端的《清明上河图》，以绘画艺术展示了北宋汴梁城的繁华。而南宋自署“耐得翁”者撰文，生动地描写了南宋临安城的繁荣，如“城之南、西、北三处，各数十里人烟生聚，市井坊陌，数日经行不尽，各可比外路一小小州郡，足见行都繁盛”（《都城纪胜·坊院》）。

唯物史观认为，“历史过程中的决定性因素归根到底是现实生活的生产和再生产”[104]。同样，中国大古都形成与发展的历史过程，归根到底离不开当时整个中国社会的生产和再生产。大量的文献记载表明，大古都的生存完全依赖于全国经济的支持，其中最突出的是全国供给粮食，以保证都城日常生活之必须，而在古代中国，一直把“国家从水道运输粮食供应京城或接济军需”专称为“漕运”（《现代汉语词典·漕运》）。这也就是说，是当时中国社会的物质生产，构成了大古都社会生活的基础。例如隋、唐两朝都城，人口在100万以上，虽关中八百里平川经济发达，仍不能满足城市生活需求，这就是文献记载的“唐都长安，而关中号称沃野，然其地狭，所出不足以给京师备水旱，故常转漕东南之粟”（《新唐书·食货志》），为了解决东方粮食转运西安的问题，于是出现了隋炀帝开凿以洛阳为中心的隋唐大运河，便利漕运的伟大历史壮举。在唐初李渊、李世民时期，水陆漕运每年二十万石，李世民之后，岁益增多，每年普通都在一二百万石。[105]“天宝中（742—756）每岁水陆运米二百五十万石入关”（《通典·食货·漕运》）。隋唐时除在京师长安设太仓储粮外，还在东都洛阳，以及巩义等地设置含嘉仓、子罗仓、洛口仓、回洛仓等仓城以储粮、盐转运，“凡都之东租，纳于都之含嘉仓，自含嘉仓转运以实京之太仓”（《唐六典·尚书户部》）。文献记载天宝八年（748），全国“诸色仓粮总千二百六十五万六千六百二十石”，其中“含嘉仓五百八十三万三千四百石”（《通典·食货·轻重》），约占了总数的一半。从考古发现的洛阳隋唐含嘉仓刻铭砖看，入仓的粮食主要是武则天天授（690—692）、长寿（692—694）、圣历（698—700）年间来自江南和华北，如苏州、楚州、滁州、邢州、冀州、德州、濮州、魏州、沧州等地的租米、租粟，且大多是通过漕运经洛阳输入西安的。[106]

民以食为天，充足的粮食供应是大古都得以生存的基本条件。利用大运河解决都城的粮食供应问题，不仅存在于隋、唐时期，还一直延续至宋、元、明、清诸朝。如北宋时期，“宋都大梁有四河以通漕运，曰汴河、曰黄河、曰惠民河、曰广济河，而汴河所漕为多……太平兴国（976—983）初，两浙既献地，岁运米四百万石”（《宋史·食货志》）；“（汴河）岁漕江、淮、湖、浙米数百万（石），及至东南之产，百物众宝，不可胜计”（《宋史·河渠志》）。在元代，忽必烈时期就提出“布屯田，以实边戍；通漕运，以廪京都”的施政举措，在整个元代是采用京杭大运河运输（漕运）和海上运输（海运）并重的方法，向都城运送粮食，如顺帝时期岁运漕米五百万石；文宗时期，年海运粮食三百五十万石。[107]从明代开始“舍海运而就漕运”，京杭大运河于是成了首都北京的命脉[108]；明清两代都是“漕粮岁入四百万石”，以致“京师百司庶府，卫士编氓，仰哺于漕粮”[109]。

由于水路运输（漕运）相比较于陆路运输，具有运输时间短、运输效率高和运输成本低等诸多优点，如文献就记载唐玄宗开元时期(713—741)，“凡三岁，漕七百万石，省陆运佣钱三十万缗”（《新唐书·食货志》），所以漕运便成为历代王朝的首选。隋、唐、北宋、元、明、清诸朝，国家的政治重心，即都城在北方，而经济重心却在东南的江淮地区，因此以大运河为主干的漕运体系的畅通与梗阻，便直接关系到京城的物价稳定、社会安宁。史载唐代宗广德年间

(763—764)，安史作乱，关（中）洛（阳）路阻，致使漕运不畅，“自丧乱以来汴水堙废，漕运者自江汉抵梁洋，遇险劳费……中外艰食，关中米斗千钱，百姓挼穗以给禁军，宫厨无兼时之积”（《资治通鉴·唐纪三十九》），这时的米价，与平常相比，例如唐太宗贞观年间（627—649）的“长安斗粟值三、四钱”（《资治通鉴·唐纪十二》）、“米斗不过三、四钱”（《资治通鉴·唐纪九》），可谓价差悬殊，别若天渊；又如后唐庄宗同光三年（925），“是岁大饥，民多流亡，租赋不充，道路涂潦，漕辇艰涩，东都仓廪空竭，无以给军士租庸。使孔谦日于上东门外，望诸州漕运至者随以给之。军士乏食，有雇妻鬻子者；老弱采蔬于野，百十为群，往往馁死，流言怨嗟……时大雪，吏卒有僵仆于道路者。伊汝间饥尤甚，卫兵所过，责其供饷不得，则坏其什器，撤其室庐以为薪，甚于寇盗，县吏皆窜匿山谷”（《资治通鉴·后唐纪三》），真可谓饥荒之年，漕运不畅，京城动荡，民不聊生。通观历史，不仅在北方的都城仰哺于漕粮，甚至于南宋都城临安，虽地处江浙鱼米之乡，也依然仰哺于来自苏、湖、常、秀四州和淮南、两广等地的漕粮。文献记载南宋嘉定年间（1208—1224），“都城（临安）内有二十五里塘，直通长安闸，上彻临平，下接崇德，漕运往来，客船络绎”（《宋史·河渠志》）。正因为漕运事关都城生存，国家社稷安危，“今仰食于官廪者，不惟三军。至于京师士庶以亿万计，太半待饱于军稍之余。故国家于漕事至急至重。然则汴河乃建国之本，非可与区区沟洫水利同言也”；“断御河，漕运失，中国之险”（《宋史·河渠志》）；“此漕运之利，国家之福也”（《明史·河渠志》），隋唐至明清诸朝自然是高度重视，均设官员以致专设衙门进行管理，并投入大量人力和财力，用于疏浚漕河。

根据文献记载，我国至迟在西周初年就出现了天下贡赋输入东都洛邑的记载，“此天下之中，四方入贡道里均”（《史记·周本纪》），成书于战国时期的《尚书·禹贡》则详细记载了天下八州入贡都城的路线和贡品种类，但八州之贡无有粟米一类，这是由于古代“帝王之建都必择衣食之地而谓之京师。京，大也，师，众也，言天子之居既众且大，非衣食之丰不可以为国也”，因之“畿甸之内赋其总铚秸粟米也。总铚秸粟米者，仓廪之储也，糇粮之济也”（明·章潢《图书编·贡物总叙》），故无需运送畿甸之外粟米以供都城。所以有学者将“粟米之输近取诸甸而已足，而无仰于外（郡）”称为“古者天子之制”、“先王之法”（明·王樵《尚书日记·禹贡》）。在西汉初年，由于都城人口急剧增加，畿甸之粮不能自济，于是出现了运输畿甸之外的粮食以供应都城的漕运，“汉兴，高皇帝（刘邦）时漕转山东之粟以给中都官，岁不过数十万石”（《通典·食货·漕运》），所以有学者认为“国都之漕，自汉都关中始”（清·朱鹤龄《禹贡长笺·卷十二》）。从此以后，漕运历经西汉、东汉、魏、晋、隋、唐、宋、元，迄至明、清，年复一年，经久不息。不仅西安、洛阳、开封、南京、杭州、北京诸都城漕运发达，甚至于连东汉末年曹操的魏都邺城，也是“漕运四通”（《太平御览·州郡部·相州》）；而北魏孝文帝之所以迁都洛阳，一个非常重要原因竟然是平城漕运不通：“帝曰：我以平城无漕运之路，故京邑民贫，今迁都洛阳，欲通四方之运”（《资治通鉴·齐纪六》）。宋代学者时澜总结了这一穿越千年的历史现象，指出：“帝都通漕运之道也。凡九州必有漕运之道，以一人统天下之大，丝牵绳联，凡所贡赋不可无道以达于帝都也”（《增修东莱书说·禹贡》）。于是乎在漕运古道上，例如在隋唐大运河（京杭大运河）沿岸，至今还保存着许多历代有关漕运的遗址、遗迹和遗物。20世纪50年代和90年代在配合黄河三门峡水库和小浪底水库建设工程的考古调查中，分别在黄河三门峡地段和孟津、新安地段发现历代漕运遗迹。例如三门峡地段在人门水道左岸、鬼门水道右岸以及下游七里沟、杜家庄狮子口两岸半腰石壁发现栈道遗迹，栈道壁上刻有东汉和平元年（150）至北宋治平三年（1066）的修凿工程纪事及工匠题名30多条；在人门岛东发现凿于唐开元二十九年（741）的人工航道，两岸有唐、宋的桥梁和禹庙、开元寺的柱穴遗迹，两岸石壁上有唐至清代题刻51条；在三门峡左岸还发现开元二十一年（733）为躲避水运之险而修治的陆道。此外还发现汉、唐时期的粮仓遗址。[110]

本文用较多的篇幅论述漕运，无非是想说明漕运在中国大古都形成与发展史上的历史作用。从某种意义上讲，自西汉以来两千多年间，没有历史上的漕运，就没有历史上的大古都。这就是中国古都文化中独特的“漕运文化”。

有学者曾经指出：“以分析人口容量为前提的自然资源系统分为封闭性与开放型系统。所谓封闭性系统是指人们生产、消费活动完全在一个地区内进行，没有区际物质与能量的交换；而开放型系统则存在频繁的区际之间物质、资金等交流。”[111]我们认为，西周的贡赋入都城和历朝漕运所反映的历史事实表明，我国至迟在西周时期就开始打破了自然资源的封闭性系统，而形成了开放型系统，即形成了以历朝国都为中心的频繁的区际之间物质的交流。这种以国都为中心的自然资源的开放型系统，不仅表现在国内区际之间，也明显反映在国际之间，这就是始于西汉而延续整个封建社会，以中国历朝国都为起点的海路与陆路“丝绸之路”。

由此，我们以为，中国大古都城市除了上述四个构成要件以外，还有其在形成与发展过程中必须具备的社会环境，一是国家统一或局部统一（南北对峙）的和平环境；二是强盛的国家经济力及其以国都为中心的自然资源开放型系统。以哲学的观点来分析，上述前者四个构成要件构成了中国大古都的内在因素，而后者两个社会环境则形成了中国大古都的外部条件。

毫无疑问，中国大古都的历史是中国古代历史的缩影。有学者在研究中国古代历史时指出，我国古代统一虽然与分立交错出现，但统一始终是历史发展的导向与主流。其表现为：其一，从秦始皇至清代，统一的时间约1461年，分立时间约692年，统一的时间长于分立时间769年。其二，统一的规模一次比一次扩大。夏、商、周是国家形成和酝酿统一的时期，秦朝实现了历史上第一次统一，其管辖面积约为全国的三分之一，两汉时期发展了秦的统一事业，其管辖区域比秦朝扩大了一半以上；隋唐时期是历史上第二次统一，将秦汉时期未曾直接管辖的东北、北部、西北地区纳于中央政府管辖范围；元、明、清实现了历史上第三次统一，开创了全国范围内的大一统局面。其三，在分立时期又出现了局部的统一。如东晋十六国南北朝时期北方的前秦、北魏和北周，南方的东晋、宋、齐、梁、陈；宋、辽、金时期南方的两宋，北方的辽，西北的西夏，金朝又曾统治东北至河淮地区。其四，从整个国家民族发展的高度出发，认同炎、黄二帝，向心炎、黄二帝创业的根基地——中原地区，是中国各族人民的根本内聚力。随着时代的发展，曾经处于中心的中原地区，又从黄河中下游向长江中、下游扩大，而且这种向心中原的内聚力，除了各族普遍认同黄河、长江流域是中国疆域的中心地区外，还表现在对中原传统文明的向往和继承上。中华民族除了汉族成为炎、黄二帝直属民族外，其他民族也以种种理由连接上炎、黄二帝这条血缘根脉，或者将其祖先发源地追溯至炎、黄二帝创业的中原地区，也就是说，随着历史的发展，中华各族尤其是曾经长期居住在边疆地区的少数民族，更重视炎、黄二帝成为各族共同祖先的论证。同时也表现在各少数民族政权在政治、经济、文化和习俗上对中原传统文化的主动仿袭、全面继承和发展。[112]这最后一条也就是有学者指出的，中国在上古时期逐渐形成了"以华夏为核心的民族认同心理和亲和力"[113]。由此我们以为，中国历史上凡是国力强盛的政权（包括少数民族建立的政权），都是志在逐鹿中原，以完成统一中国的大业。即所谓"中原者，天下之根本也；四方者，中原之枝叶也。秦汉之君，莫不得中原而后成帝业"（宋·徐梦莘《三朝北盟会编·炎兴下帙》）。这也正如有学者所指出的，"在夏朝建立以前的传说时代，华夏民族集团的领袖人物，就以其所据的中原地区为中心，向四周东伐西讨，南征北战，与东夷、北狄、西戎、南蛮争夺地盘，扩大辖区。此后，五大民族集团及其地区历经沿革，但以中原地区（或历经沿革扩大了的中原地区）为中心，以中原外围为边疆（包括陆疆和海疆）地区的疆域格局，贯穿着整个中国古代史，可见其影响之深远。"[114]通观中国古代政治、经济发展史，我国黄河流域、长江流域和海河流域，即先秦时期所称的"九州"[115]地区，既是中国古代文明（国家）起源最早，同时又始终是经济最为发达的地区，所以说，中国的大古都城市连续出现在中国历史上的统一、局部统一（南北对峙）时期的上述地域，既是数千年来形成的以中原地区（或历经沿革扩大了的中原地区）为中心，以中原外围为边疆地区的疆域格局的体现，同时也是自上古五帝以来形成的礼制"立都必居中土"之使然，所谓"帝王所都为中，故曰中国"（《史记集解·五帝本纪》）；"王来绍上帝，自服于土中"（《尚书·召诰》）；"故之王者，择天下之中而立国，择国之中而立宫"（《吕氏春秋·慎势》；"欲近四旁，莫如中央，故王者必居天下之中，礼也"（《荀子·大略》）；"王者受命创始建国，立都必居中土，所以总天下之和，据阴阳之正，均统四方，以制万国者也"（《太平御览·叙京都》），等等。

我们说，构成中国大古都的基本形态，即城市面积、人口规模、累计建都年限，也就是可以计算的"量"，是与它的文化内涵，即它作为某一历史时期中国政治、文化中心的历史地位，是高度统一的，这既可以从已经出版的《中国八大古都》中得到反映，也可以从已经出版的《中国古都系列丛书》中有关大古都的著作中得到体现，本文就不再赘述了。

我们非常赞同许多学者关于大古都要分等级的学术意见。本文据上述现有的九个大古都城市在构成要件程度上的差异，拟分为两个等级：北京、西安、洛阳、南京这四座曾作为中国统一王朝都城的城市，列为一等大古都城市，其他开封、杭州、郑州、安阳、大同等五座城市，作为中国国家形成和酝酿统一时期与局部统一（南北对峙）时期的大古都，列为二等大古都城市。

在古代中国，国家形成和酝酿统一时期、统一时期或局部统一（南北对峙）时期的大都城，是当时中国政治、文化的中心，它不仅表现在城区规模、城市人口规模上，还是当时社会稳定、经济发达、文化繁荣的象征，可以这样认为，由北京、西安、洛阳、南京等九个古都构成的中国大古都文化，浓缩着中华文明的精髓，集中着中华文明的最高成就，主导着中华文明的形成与发展。一言以蔽之，中国大古都文化是中华文明的核心文化。

（叶万松　考古学家、研究员，中国古都学会长副会长；韦娜　中国古都学会常务理事）

（编者注：本文为纪念中国古都学会成立30周年而作，提交中国古都学会2013年开封年会）

**参考文献**

[1] 杨周伟:《百二山河——南诏大理六朝古都探秘》,第226—242页,云南人民出版社,2012年。

[2] 毛曦:《中国究竟有几大古都——民国以来中国大古都不断认定的来龙去脉》,《学术月刊》2011年7期。

[3] 陈桥驿:《中国六大古都序》,《中国古都研究》第一辑,浙江人民出版社,1985年。

[4] 陈桥驿:《论绍兴古都》,《历史地理》第九辑,1990年。

[5] 马正林:《论确定中国"大"古都的条件》,《陕西师范大学学报》1993年,第2期。

[6] 桂娟:《中国古都学会会长称大古都是一个学术问题》[2004-11-05],网易·新闻中心 http://news. 163. com / 41105 / 1 / 14 F3 CELE0001124E. html

[7] 李令福:《郑州列入"大古都"当之无愧》,《郑州晚报》2004年11月15日。

[8] 水复:《不断刷新完善的中国大古都标准》,[2010-10-14],百度贴吧·爱我大同吧,http://tieba. baidu. com/p/912575015

[9] 杨周伟:《百二山河——南诏大理六朝古都探秘》,第228—229页,云南人民出版社,2012年。

[10] 陈桥驿:《中国七大古都·序》,《中国七大古都》,中国青年出版社,2005年。

[11] a,《周礼·考工记》:"匠人营国,方九里",郑玄注:"国家谓城方,公之城盖方九里,侯伯七里、子男五里。"b,《周礼·考工记》贾公彦疏引郑玄《异义驳》:"或云周亦九里城,则公七里、侯伯五里、子男三里。"c,《周礼·考工记》:"王宫门阿之制五雉,宫隅之制七雉,城隅之制九雉,门阿之制以为都城之制,宫隅之制以为诸侯之城制。"d,徐坚《初学记·居处部》引许慎《五经异义》:"天子之城高九仞,公侯七仞,伯五仞,子男三仞。"本文采b、d说。

[12] 天子自称"余一人"始见于商汤。《国语·周语》:"《汤誓》曰:'余一人有罪,无以万夫;万夫有罪,在余一人。'"韦昭注:"《汤誓》,《商书》伐桀之誓也。今《汤誓》无此言,则已散亡矣。天子自称曰'余一人',余一人有罪,无罪万夫。"

[13] 美国民族学家摩尔根指出:"在野蛮阶段晚期,一种新的因素,即贵族的因素,获得了显著的发展。个人的个性和当时已为个人大量拥有的财富的增加,正在为个人的影响奠定基础。同时,奴隶制则通过永远降低一部分人的地位的方式,使个人境况的悬殊达到了以前各个文化阶段不曾存在过的地步。这种情况,以及财产和官职,使贵族的感情逐步发展起来,这种感情给现代社会以极深的影响,并抵消了由氏族创造和培

养起来的民主原则。它很快就引入了不平等的特权，引入了本民族内不同个人的不同身份，从而破坏了社会的平衡，终至成为不团结和斗争的根源。”（见摩尔根：《古代社会》第555页，商务印书馆，1977年。）

[14] 叶万松、李德方：《中华传统文化本原考略》，《中国智库》第四辑，第79—104页，红旗出版社，2013年。

[15] 中国社会科学院考古研究所：《中国考古学·夏商卷》，第62—63页，中国社会科学出版社，2003年。

[16] 吴迪、李德方、叶万松：《中国古都系列丛书·古都洛阳》，第49—50页，杭州出版社，2011年。

[17] 张松林：《中国古都系列丛书·古都郑州》，第76、81页，杭州出版社，2011年。

[18] 中国社会科学院考古研究所：《中国考古学·夏商卷》，第295—303页，中国社会科学出版社，2003年。

[19] 国家文物局：《中国文物地图集·陕西分册（下）》，第96、99页，西安地图出版社，1998年。

[20] 吴迪、李德方、叶万松：《中国古都系列丛书·古都洛阳》，第74页，杭州出版社，2011年。

[21] 吴迪、李德方、叶万松：《中国古都系列丛书·古都洛阳》，第91页，杭州出版社，2011年。

[22] 国家文物局：《中国文物地图集·陕西分册（下）》，第48、347页，西安地图出版社，1998年。

[23] 国家文物局：《中国文物地图集·陕西分册（下）》，第49、423页，西安地图出版社，1998年。

[24] 吴迪、李德方、叶万松：《中国古都系列丛书·古都洛阳》，第122—127页，杭州出版社，2011年。

[25] 安大钧、力高才：《中国古都系列丛书·古都大同》，第72页，杭州出版社，2011年。

[26] 中国社会科学院考古研究所洛阳汉魏城工作队：《北魏洛阳外郭城和水道的勘查》，《考古》1993年7期。

[27] 国家文物局：《中国文物地图集·陕西分册（下）》，第2—4页，西安地图出版社，1998年。

[28] 陕西省博物馆（武伯纶）：《西安历史述略》，第106页注一，陕西人民出版社，1959

年。

[29] 河南省文物研究所：《河南考古四十年》，第357页，河南人民出版社，1994年。

[30] 刘顺安：《开封》，载朱士光主编《中国八大古都》，第317—320页，人民出版社，2007年。

[31] 国家文物局：《中国文物地图集·浙江分册（下）》，第1页，文物出版社，2009年。

[32]《西湖老人繁胜录》，第1页，中国商业出版社，1982年。

[33] 国家文物局：《中国文物地图集·北京分册（下）》，第163页，科学出版社，2008年。

[34] 明南京城，百度百科·百科名片 http：//baike. baidu. com/link? url = BVet JZ6ex HqZyE 925 kszf RN4 Nwqy_ jq 5lrlHG fk TIQEZbKd 56 c3e9 FPHUST4MhFV

[35] 韩品峥、杨新华、韩文宁：《中国古都系列丛书·古都南京》，第31页，杭州出版社，2011年。

[36] 国家文物局：《中国文物地图集·江苏分册（下）》，第16页，中国地图出版社，2008年。

[37] 周俊玲、董艳：《明南京城与西安城建城比较》，《丝绸之路》2009年第6期。

[38] 国家文物局：《中国文物地图集·北京分册（下）》，第5页，科学出版社，2008年。

[39] 城市功能：城市是由多种复杂系统所构成的有机体，城市功能是城市存在的本质特征，是城市系统对外部环境的作用和秩序。城市主要功能有：生产功能、服务功能、管理功能、协调功能、集散功能、创新功能。城市功能是主导的、本质的，是城市发展的动力因素。（见百度百科 http：//baike. baidu. com/link url = hVV3jzm DHw Dzq Mm 492 td B0o PkZRwW7mwp 2 Isizd_ g – XKKXH 58 Tk93 YBsOXqtUC6P）

[40] 孙长初：《略论六朝时期建康城的作用》，《南京理工大学学报（社会科学版）》，2004年3期。

[41] 叶晓军、李玉君、王雅红：《城市论》，第20—21页，235页，甘肃文化出版社，1998年。

[42] 南诏、大理国的太和城、阳苴咩城、龙口城、大理城、三阳城、龙尾城诸城址以及大理驿道遗址均已考古发现，详见国家文物局：《中国文物地图集·云南分册》第206页，云南科技出版社，2001年。

[43] 边城攻女：《世界各大城市历代人口考》，天涯社区·随笔评论［2010 – 12 – 17］http：//bbs. tianya. cn/post – no05 – 178891 – 1. shtml

[44] 边城玫女：《世界各大城市历代人口考》，天涯社区·随笔评论［2010－12－17］http：//bbs. tianya. cn/post－no05－178891－1. shtml

[45] 来学斋：《洛阳历代人口发展考索》，第22—31页，《河洛春秋》1991年第2期。

[46] 边城玫女：《世界各大城市历代人口考》，天涯社区·随笔评论［2010－12－17］http：//bbs. tianya. cn/post－no05－178891－1. shtml

[47] 陕西省博物馆（武伯纶）：《西安历史述略》，第42页，陕西人民出版社，1959年。

[48] 黄永美、徐卫民：《西汉长安人口地理探析——以元始二年长安人口为例》，《西北大学学报（自然科学版）》2012年3期。

[49] 陕西省博物馆（武伯纶）：《西安历史述略》，第48页，陕西人民出版社，1959年。

[50] 边城玫女：《世界各大城市历代人口考》，天涯社区·随笔评论［2010－12－17］http：//bbs. tianya. cn/post－no05－178891－1. shtml

[51] 王子今：《秦汉区域文化研究》，第125页，四川人民出版社，1998年。

[52] 方原、徐卫民：《东汉洛阳人口问题初探》，《河南科技大学学报（社会科学版）》，2010年1期。

[53] 来学斋：《洛阳历代人口发展考索》，第22—31页，《河洛春秋》1991年第2期。

[54] 中国科学院考古研究所洛阳工作队：《东汉洛阳城南郊的刑徒墓地》，《考古》，1972年4期。

[55] 来学斋：《洛阳历代人口发展考索》，《河洛春秋》1991年第2期。

[56] 偃师古都学会：《古都偃师史话》，第135页，三秦出版社，1999年。

[57] 边城玫女：《世界各大城市历代人口考》，天涯社区·随笔评论［2010－12－17］http：//bbs. tianya. cn/post－no05－178891－1. shtml

[58] 王尚义：《平城时代在中国北部地区开发史上的重要地位》，“古都大同城市文化建设学术研讨会”论文。

[59] 安大钧、力高才：《中国古都系列丛书·古都大同》，第75页，杭州出版社，2011年。

[60] 边城玫女：《世界各大城市历代人口考》，天涯社区·随笔评论［2010－12－17］http：//bbs. tianya. cn/post－no05－178891－1. shtml

[61] 叶晓军、李玉君、王雅红：《城市论》，第21页，甘肃文化出版社，1998年。

[62] 张天虹：《再论唐代长安人口的数量问题——兼评近15年来有关唐长安人口的研究》，《唐都研究》，2008年3期。

[63] 来学斋：《洛阳历代人口发展考索》，《河洛春秋》1991年第2期。

[64] 吴迪、李德方、叶万松：《中国古都系列丛书·古都洛阳》第 207 页，杭州出版社，2011 年。

[65] 周建明：《北宋漕运与东京人口》，《广西师范大学学报（哲学社会科学版）》1989 年 2 期。

[66] 刘顺安：《中国古都系列丛书·古都开封》，第 32 页，杭州出版社，2011 年。

[67] 边城玫女：《世界各大城市历代人口考》，天涯社区·随笔评论［2010 - 12 - 17］http：//bbs. tianya. cn/post - no05 - 178891 - 1. shtml

[68] 边城玫女：《世界各大城市历代人口考》，天涯社区·随笔评论［2010 - 12 - 17］http：//bbs. tianya. cn/post - no05 - 178891 - 1. shtml

[69] 徐日辉：《杭州》，载朱士光主编《中国八大古都》，第 425 页，人民出版社，2007 年。

[70] 边城玫女：《世界各大城市历代人口考》，天涯社区·随笔评论［2010 - 12 - 17］http：//bbs. tianya. cn/post - no05 - 178891 - 1. shtml

[71] 韩光辉：《北京历史人口地理》，第 84 页，北京大学出版社，1996 年。

[72] 韩品峥、杨新华：《南京》，载朱士光主编《中国八大古都》，第 380 页，人民出版社，2007 年。

[73] 韩光辉：《北京历史人口地理》，第 104 页，北京大学出版社，1996 年。

[74] 边城玫女：《世界各大城市历代人口考》，天涯社区·随笔评论［2010 - 12 - 17］http：//bbs. tianya. cn/post - no05 - 178891 - 1. shtml

[75] 韩光辉：《北京历史人口地理》，第 128 页，北京大学出版社，1996 年。

[76] 边城玫女：《世界各大城市历代人口考》，天涯社区·随笔评论［2010 - 12 - 17］http：//bbs. tianya. cn/post - no05 - 178891 - 1. shtml

[77] 陈桥驿：《中国七大古都·序》，《中国七大古都》，中国青年出版社，2005 年。

[78] 据文献记载：天兴元年（398）“徙山东六州民吏及徒何、高丽、杂夷三十六万、百工伎巧十万余口以充京师（《魏书·太祖纪》）”；天兴二年（399）“魏军大破高车三十余部，获七万余口……南抵平城，使高车筑鹿苑，广数十里（《资治通鉴·晋纪·安皇帝》）”；泰常三年（418）“帝自突门岭待之，道生（长孙道生）至龙城，徙其民万余家而还（京师）”，每户以平均 5 口计算，约 5 万人（《魏书·太宗纪》）。以上徙民共计 54 万人以上。

[79] 文献记载：始光三年（426）袭据于统万城的“赫连昌，壬午至其城下。徙万余家而

还……人在道多死，其能到都者才十（之）六、七（《魏书·世祖纪》）”；太延五年（439）北魏军东归，“徙沮渠牧犍宗族，及吏民三万户于平城”；太平真君七年（446）“魏主徙长安工巧二千家于平城”；太平真君八年（447）“魏人徙定州丁零三千家于平城（《资治通鉴·宋纪·太祖文皇帝》）”；太平真君九年“徙西河离石之民五千余家于京师（《魏书·世祖纪》）”。以上共4.6～4.7万户，每户以平均5口计算。以上共计23～23.5万人。

[80] “近畿”指京城附近地区，也包括京城郊外，如“郊者，近畿之地。（《春秋集传详说·昭公三》）”；“东郊，（洛邑）下都，近畿之邑也（《日讲书经解义·君陈》）”。

[81] 据文献记载，北魏太和十九年（495）孝文帝迁都洛阳。景明二年（501）宣武帝修筑外郭城，“九月丁酉，发畿内夫五万人，筑京师三百二十三坊，四旬而罢（《魏书·世宗纪》）”。北魏洛阳城外郭城墙、城门和城内的九条大道于1963年，1984—1985年钻探发现，见中国社会科学院考古研究所洛阳汉魏城工作队：《北魏洛阳外郭城和水道的勘查》，《考古》1993年7期。

[82] 朱偰：《金陵古迹图考·自序》，商务印书馆，1934年。

[83] 韩品峥、杨新华、韩文宁：《中国古都系列丛书·古都南京》，第18页，杭州出版社，2011年。

[84] 林荣桂：《中国古代疆域史·上卷》，第15—19页，黑龙江教育出版社，2007年。

[85] 中国社会科学院考古研究所：《中国考古学·夏商卷》，第1页，第13页，第16页，中国社会科学出版社，2003年。

[86] 根据考古资料与其他研究资料复原辽、西夏、金、大理国都城面积和人口规模如下：①辽代：辽上京临潢府占地面积约8平方公里，辽中京大定府占地面积约14.7平方公里（国家文物局编：《中国文物地图集·内蒙古自治区分册》，西安地图出版社，2003年）。有学者根据《辽史·地理志》记载，认为辽上京道人口12.09万户，辽中京道人口10.2万户。上京临潢府“户三万六千五百”，若以户均7口计，人口26万。（武玉环：《辽代人口考述》，《学习与探索》2009年第6期），我们以为临潢府有籍人口26万人，再加之未入籍人口，估计在40万左右；辽中京大定府有籍人口若按临潢府人口占上京道总人口的30%比例进行估算，有户3.08万，口21万，加上未入籍人口，估计在35万左右。也有学者认为，辽上京道人口容量为75万人，其中农业人口35万，非农业人口即牧民40万；辽中京道人口容量70万人，其中农业人口60万，非农业人口即牧民10万（韩茂莉：《辽金时期西辽河流域农业开发与人口容量》，《地

理研究》2004 年第 5 期)，若将其农业人口中的 2/3，集中于辽上京临潢府和辽中京大定府，则分别为 23 万和 40 万人左右。②西夏：西夏兴庆府占地面积约 4.86 平方公里，人口约 30 万人（许成等：《中国大都系列丛书 · 古都银川》，杭州出版社，2010 年)。③金代：金上京会宁府占地面积约 6.12 平方公里（徐苹芳：《金上京遗址》，《中国大百科全书 · 考古学卷》，中国大百科全书出版社，1986 年)；金中京大兴府占地面积约 21.7 平方公里（于德源等：《北京城市发展史 · 先秦—辽金卷》，北京燕山出版社，2008 年)，人口约 40 万（韩光辉：《北京历史人口地理》，北京大学出版社，1996 年)。④大理：阳苴咩城占地面积约 3.61 平方公里（国家文物局编：《中国文物地图集 · 云南分册》，云南科技出版社，2001 年)，京畿人口约 30 万人（杨周伟：《百二山河——南诏大理六朝古都探秘》，云南人民出版社，2012 年)。

[87] 刘顺安：《中国古都系列丛书 · 古都开封》，第 23—32 页，杭州出版社，2011 年。

[88] 徐日辉：《杭州》，载朱士光主编《中国八大古都》，第 424—429 页，人民出版社，2007 年。

[89] 史念海：《中国古都概说》，载《中国古都和文化》，第 33—179 页，中华书局，1996 年。

[90] 王尚义：《平城时代在中国北部地区开发史上的重要地位》，“古都大同城市文化建设学术研究会”论文。

[91] 安大钧、力高才：《中国古都系列丛书 · 古都大同》，第 36 页，杭州出版社，2011 年。

[92] [日] 前田正名著，李凭等译：《平城历史地理》，第 313 页，书目文献出版社，1994 年。

[93] 李世俭、李蹊：《大同——“和”文化交流和传播的中心》，“古都大同城市文化建设学术研究会”论文。

[94] 韩品峥、杨新华：《古都建康（南京）与古都平城（大同）的比较研究》，“古都大同城市文化建设学术研究会”论文。

[95] 安大钧、力高才：《中国古都系列丛书 · 古都大同》，第 33 页，杭州出版社，2011 年。

[96]《中国古都学会大同宣言》，《中国古都系列丛书 · 古都大同》，篇首页，杭州出版社，2011 年。

[97] 中外名人研究中心：《马克思主义哲学导读》，第 295 页，上海人民出版社，1990 年。

[98] 城市性质（designated function of city）是城市在一定地区、国家以至更大范围内的政治、经济与社会发展中所处的地位和所担负的主要职能，是城市在国家或地区政治、

经济、社会和文化生活中所处的地位、作用及其发展方向。城市性质由城市主要职能所决定（百度百科 http：//baike. baidu. com/view/427909. htm）。

[99] 国家文物局：《中国文物地图集·山东分册（下）》，第 134 页，中国地图出版社，2007 年。

[100] 国家文物局：《中国文物地图集·湖北分册（下）》，第 142 页，西安地图出版社，2002 年。

[101] 国家文物局：《中国文物地图集·陕西分册（下）》，第 234 页，西安地图出版社，1998 年。

[102] 国家文物局：《中国文物地图集·云南分册》，第 206 页，云南科技出版社，2001 年。

[103] 杨周伟：《百二山河——南诏大理六朝古都探秘》，第 102 页，云南人民出版社，2012 年。

[104] 恩格斯：《致约·布洛赫》（1890 年 9 月 21—22 日），《马克思恩格斯书信选集》，第 466 页，人民出版社，1962 年。

[105] 陕西省博物馆（武伯纶）：《西安历史述略》，第 88 页，陕西人民出版社，1959 年。

[106] 中国社会科学院考古研究所：《新中国的考古发现和研究》，第 579 页，文物出版社，1984 年。

[107] 王岗：《北京城市发展史·元代卷》，第 213—222 页，北京燕山出版社，2008 年。

[108] 李宝臣：《北京城市发展史·明代卷》，第 188—194 页，北京燕山出版社，2008 年。

[109] 吴建雍：《北京城市发展史·清代卷》，第 283 页，北京燕山出版社，2008 年。

[110] 俞伟超：《三门峡栈道遗迹》，《中国大百科全书·考古学》，第 430 页，中国大百科全书出版社，1986 年。

[111] 韩茂莉：《辽金时期西辽河流域农业开发与人口容量》，《地理研究》2004 年 5 期。

[112] 林荣桂：《中国古代疆域史·上卷》，第 15—19 页，黑龙江教育出版社，2007 年。

[113] 中国社会科学院考古研究所：《中国考古学·夏商卷》，第 16 页，中国社会科学出版社，2003 年。

[114] 林荣桂：《中国古代疆域史·上卷》，第 73 页，黑龙江教育出版社，2007 年。

[115]《吕氏春秋·有始览》曰：“何谓九州？河、汉之间为豫州，周也；两河之间为冀州，晋也；河、济之间为兖州，卫也；东方为青州，齐也；泗上为徐州，鲁也；东南为扬州，越也；南方为荆州，楚也；西方为雍州，秦也；北方为幽州，燕也。”

附 4

# 大同是实至名归的大古都

## ——本报记者专访中国古都学会副会长、大同古城保护和修复研究会会长安大钧

山西晚报　郭　斌

**新闻前缀**：2010 年 9 月 19 日至 2010 年 9 月 22 日，中国古都学会 2010 年年会在历史文化名城大同举行。来自全国各地的学者相聚在这里，经过实地考察、学术研讨，就古都大同的历史文化内涵、在中国古都中的地位以及文化遗产保护与利用，形成了共识。专家们普遍认为，古都大同是 1982 年国务院批准的第一批 24 座历史文化名城之一，有着数百年的建都史，在中华民族和中华文化的形成与发展中有着重要的贡献，是民族融合的大平台，是中国都城建设的重要里程碑之一。大同作为我国历史上主流王朝北魏的国都、辽金的陪都，拥有丰富的都城文化内涵，以其在中国历史发展中的重要地位，堪跻“中国大古都”之列。

“常务理事会讨论中提出，古都大同以其在中国历史发展中的重要地位，堪跻中国大古都之列。”2010 年 9 月 22 日下午，在大同举行的中国古都学会全体理事会议上，当大会以热烈掌声通过《中国古都学会关于大同古都文化保护与发展宣言》时，会场上一位华发老人听到这段话语后，疲惫的脸上露出了欣慰的笑容。

这位老人是大同古城保护和修复研究会会长安大钧，让古都大同的历史地位和独特价值为世界重新评价认识，并让大同跻身“中国大古都”之列，是他近年来的最大心愿。在这个社会团体任职之前，

安大钧的身份曾经是大同市委副书记和大同市人大常委会主任。1998年7月他由市委副书记转任大同市十一届人大常委会主任。上任一个多月，他就与常委会组成人员一起顶着重重压力在市十一届人大常委会第一次会议上作出了保护大同古城的决议，1999年又制定了《大同古城保护条例》。2008年7月在他任期届满的大同市十二届人大常委会最后一次会议上，又按照市委的要求和根据市政府的专项工作报告作出了保护和修复古城的决定。从领导岗位退下来后，他应市委、市政府主要领导之邀，出于对古都大同的无限热爱又担任了大同古城保护和修复研究会会长。从此他潜心研究大同的都城史，和大同市一批老专家首度提出“大同堪为大古都”的命题，之后为之努力并倾注巨大心血，使“大同是中国大古都”这一命题逐渐为一些专家学者所认可。在大同最终实至名归地跻身“中国大古都”行列后，本报记者就大同在中国古都史上的重要地位和特殊价值为主要内容进行了专访。

**山西晚报：**退下来之前，您是大同市人大常委会主任，之后担纲组建大同古城保护和修复研究会并亲任会长，从官员到社会团体的负责人，您带着一种什么样的情感完成了这种角色转换？

**安大钧：**文化遗产延续城市的记忆，是一座城市的文化基因，是城市特色的重要体现。一个城市历史积淀越深厚，文化遗产保护得越好，城市的个性就越强，品位就越高，特色就越鲜明。正是基于这样的认识，大同市开始了名城复兴战略。在这个进程中，无论是政府官员、专家学者还是普通市民，都担当着相同的使命。作为一个在雁北和大同市担任市级领导职务近二十年的老同志更应该为大同人民再做点事。

**山西晚报：**您提出“大同堪为大古都”的初衷是什么？

**安大钧：**在生活中有这么一种人，能干、老实，有作为，贡献大，但其地位的重要就是得不到社会的承认。大同就是这样，历史上和新中国诞生后都做过很多贡献，但都得不到足够的承认。可是我们自己不能忘掉历史赋予大同的深厚啊，你不重视怎能奢求别人？所以，当我们上下一心开始名城复兴战略后，自然也就引来外界的关注。去年中国古都学会一位副会长给市委书记丰立祥来信说，古都学会想在大同开一次学术年会。他把信转给了我，想让我们研究会提出意见。我们研究会觉得这是个难得的机遇，同意了中国古都学会在大同召开年会的意见。市长耿彦波对此高度重视，决定以市人民政府的名义主办这次会议。之后我们多次邀请全国著名专家分五批到大同实地考察、研讨座谈，对古都大同的历史进行研究，众多专家学者越来越肯定了大同就是大古都的这种说法。

**山西晚报：**那么，在大古都这个考量范畴内，大同这个“好人”好在哪里？大同具备入列大古都的哪些条件？

**安大钧：**我想先说明一点。关于“中国大古都”，我国政府及其所属部门没有对此定过标准，也没评定审批过。“中国大古都”是一个学术称谓，是学术界和社会的一个认可、一种承认，不像“历史文化名城”和“全国较大城市”称号需要国家有关部门审查批准。国家没有赋予任何一个学术团体审批“中国大古都”的权力。中国古都学会对“大古都”的认可，仅仅是学术上的承认而不是审批，所以没有作什么决议、决定。

关于“中国大古都”，中国古都学会有这样一个学术标准：应是中国历史上主流（或主体、主干）王朝或政权的都城；有着较长的作为都城的时间，一般而言应在200年以上；有着相当大的城址规模；在其遗址上或近旁存在后续城市，且应是国家级或较高级别规格的区域性的政治、经济、文化中心。

按照这个标准，我们衡量一下大同：首先，大同是第一个由少数民族入主中原建立的主流王朝的都城，也就是北魏平城，还是辽和金的西京。其次，大同有着较长的都城的时间，北魏在此建都96年，之前作为大代的南都63年，作为北魏初的南都12年，作为迁都洛阳后的北京49年，作为辽和金的西京190年，前后共410年。再次，它有着相当大的城址规模，史书记载和考古发掘证明，北魏平城如加上周边的东、西、南、北四苑，那就比现在的大同市区还要大许多。最后，在它的遗址上或近旁存在大的后续城市。大同作为城市自赵武灵王建城以来，至汉平城、北魏平城，至辽金西京、明清大同镇，至今，其城址从未发生过位移，城市的南北中轴线始终未变。这在我国众多古都中是少见的。当今的大同是国务院首批批准的全国十三个较大城市之一，是山西省的第二大城市，如按人口计算则是特大城市。这四个方面说明，大同作为大古都是符合中国古都学会制定的学术标准的。

**山西晚报：**与其他中国大古都相比，大同的独特价值在哪里？

**安大钧：**作为国务院首批批准的24座历史文化名城之一的古都大同，自北魏建都平城至今已经1600多年了，但仍保存着丰厚的古都历史文化遗存，体现着皇城气象。它有体现佛教政治化、本土化，体现中外文化、汉夷文化相融合，体现北魏前中期政治、经济、文化生活的云冈石窟；有体现北魏皇帝皇后陵寝文化的北魏金陵、方山文明太后陵；有体现北魏礼制文化的明堂遗址；有体现北魏宫城文化的平城一、二、三号遗址和灵泉宫、灵泉池遗址；有承载着儒、释、道三教合一的北魏遗存北岳恒山悬空寺；有汉、北魏、隋唐、辽金、明清多个历史文化层叠加的古城墙；有梁思成先生考证、测绘并高度评价的辽金西京的古建筑善化寺大雄宝殿、天王殿、普贤阁和华严寺薄伽教藏殿、大雄宝殿；有明朝代王府九龙壁、广智门和宫殿遗址；还有从众多北魏、辽金墓葬中出土的国家一级文物。市区、市郊就有国家重点文物保护单位七处。作为北魏京华、辽金陪都和明代亲王主政的重镇，大同有着这么多的古都文化遗存，这在我国古都包括现有八大古都中都是少见的。

**山西晚报：**大同在中国历史上的贡献有哪几方面？

**安大钧：**大同是民族融合的大平台。大同地处塞上，历史上是少数民族和汉族杂居之地，是游牧文明与农耕文明交汇融合之处。研究中国民族融合史的专家、学者普遍认为，历史上的民族大融合共有四次，分别发生在春秋战国、魏晋南北朝、辽金、元清。前三次大同都是大平台，后一次也与大同有关。大同是改革创新的大舞台。余秋雨先生说，大唐从北魏走来。北魏孝文帝改革是中国封建社会三次意义重大改革之一，改革使比较落后的游牧民族加入先进制度行列，同时也为汉民族输送了新的血液。从制度上说孝文帝改革所奠定的北魏乃至北朝是一个版块，这个制度版块基本上为隋唐所因袭。大同是都城建设的里程碑。北魏平城建设中许多重要规制和设计理念，影响到北魏洛阳、隋唐长安的都城建设，甚至波及域外的日本、新罗。目前，大同的城市框架基本保留了古都的概貌，为中国学术界对古都研究提供了珍贵的样本。两院院士、著名城市规划建设专家周干峙在评价北魏平城时说，公元5世纪初，北魏平城的规划建设曾在世界上独领风骚。平城时代积累的比较完备的规划理念及方法，对于我国后来规划建设的北魏洛阳、隋唐长安、元大都和明清北京城，都产生过深远的影响。古都大同还是中国文化发展的一个重要环节。在中国传统文化发展进程中，儒、释、道三教的相互融合占有突出的位置。以北魏平城为中心的佛教发展，促进了儒、释、道三教的激烈碰撞和融合，为中华文化的多元化发展起到了承前启后的重要作用。特别是它遗留下来的古代佛教艺术珍品，无论是北魏云冈石窟的五万多尊石刻，还是辽金华严寺、善化寺的彩绘泥塑，都是旷世精品，是大同古都文化的重要组成部分，是中华民族文化独特的结晶。梁思成、林徽因、刘敦桢和郑振铎、冰心等大师分别在20世纪30、40年代对大同进行了认真细致的考察，对大同的建筑艺术、雕塑艺术、壁画艺术和油饰彩绘艺术都作出了极高评价。中国文联副主席冯骥才先生更是认为，大同雕塑是一种艺术的极致，因被认定国家乃至人类的文化遗产。大同还是军事防御的大前沿。自古有“三控燕晋之要冲，为边陲之屏蔽”“屹为要区”的说法。

一座城市，其历史地位取决于它所取得的成就，取决于它对人类、对世界的贡献。作为古都、佛都、艺都、军都、融合之都、改革之都的大同，特殊的地理位置、特殊的人类族群、特殊的历史成就和贡献，决定了它的历史地位和特殊价值。

**山西晚报：**学界曾有这样的观点，作为一个民族实体，创建了北魏王朝的鲜卑族已经不存在，对作为北魏王朝都城的大同入列中国大古都存有异议，您对此怎么看？

**安大钧：**建立北魏王朝的鲜卑族，是一个主动把自身融入中华民族而为中华民族的形成做出过巨大贡献的伟大的民族。我们应该站在中华民族的立场上，站在中华文化的立场上，看待拓跋鲜卑主政中原的北魏，看待契丹、女真主政中原的辽、金，放弃重汉轻夷、重中轻边的观念，放弃封建正统思想。无论是科学的基因分析，还是全面的肤纹考察，纯种的汉族已不复存在，你中有我，我中有你，这是历史演进的必然！中华文化的博大精深，中华文明的生生不息，因为它是多源汇流的。尧与舜、华与夏、汉与夷的融合，农耕文化与游牧文化的融合，儒、释、道三教的融合，才造就了五千年不朽的中华文化。这就是中华文明与古印度、古埃及、古巴比伦文明的根本差异。全面、客观、科学、准确地看待历史，才能得出令人信服的结论！

大同是个大古都，这是对它巨大贡献的回报，是对它应有的名分的承认，也是对最伟大、最具有牺牲奉献精神的拓跋鲜卑的奖赏！大同是大古都，而且是特殊的、具有重要意义的大古都，是名实相符、实至名归的大古都！

**山西晚报：**河南安阳在加盟大古都之前，人们只知殷墟、只知甲骨文，很少有人知道安阳。戴上“古都”的“皇冠”后，安阳开始在全国乃至世界范围声名鹊起。大同成为大古都后，对城市的未来会有多大影响？

**安大钧：**中国大古都这张名片，对提高大同的城市影响力具有非同凡响的意义。它不仅好听，而且实用，有了它，大同人又多了一份自豪感，城市又多了一些大气魄、软实力，发展又有了一个新动力、新支撑。作为大同市民，我们有理由来爱护保护自己生活的这座城市，提升它的品位。

**山西晚报：**目前，我国城市化正处于加速发展时期，文化遗产保护处于严重困难时期，许多历史文化名城、古都城市建设，依然采用“旧城改造”，即“拆除旧城区改建为现代化新城区”的建设模式，不可避免地对文化遗产造成严重损毁。您认为大同在古城保护过程中，在走着一条什么样的路子？

**安大钧：**大同在古都文化保护与发展中有明晰的工作思路：“一轴双城，分开发展；古今兼顾，新旧两利；传承文脉，创造特色；不求最大，但求最佳”的都城文化保护与发展的基本思路。这正是郑振铎、梁思成先生当年提出的避开文化遗产建设新城区以保护文化遗产的城市设计、规划理念的具体体现；大同在古都文化保护中有科学的运作方法。文化遗产保护工程包括云冈石窟周边环境的治理，许多历史建筑和历史街区及古民居的修复，都是有历史依据并经过专家研讨、论证过的；工程的规划与设计都是全国、全省著名专家的智慧结晶。修复工程努力按照中国传统样式并体现了其初创时代的建筑特点，利用传统设计、传统材料、传统工艺、传统结构，修旧如旧，这些具体做法保证了文化遗产保护和修复工程的科学性。

在这次中国古都学会的年会上，大同摒弃“旧城改造”建设模式，采用避开旧城、异地建设新城区的做法，被与会专家、学者称之为城市建设的“大同模式”。这种模式如果不断加以完善，必定能给全国各古都城市和历史文化名城的保护和建设工作以借鉴，从而极大地推动我国城市化进程中文化遗产的科学保护和合理利用，使城市更具个性、更有特色、更富魅力、更宜居住，让人民的生活更美好！

# 后 记

本书没有刻意去展示郦学泰斗陈桥驿先生的学术成就，也没有专门介绍大古都大同在中国历史发展中的重要地位，因为有很多专著及论文已经详尽描述了。由于冥冥之中的机缘巧合，使得九十二岁高龄的陈桥驿先生与山西、与大同再度联系到一起。这本由大同古城保护和修复研究会安大钧会长主持，叶万松、孟桂芳、宋志强三同志参与整理编撰的小册子，只是将陈老先生与古都大同神交往来时的手稿整理成文字，并同相关者的文章汇集一起，忠实记录，以示对大师的由衷崇敬之情。

研究“郦学”达半个世纪之久，同时又是古都学开创人之一的陈桥驿先生，对三晋历史地理特别是对北魏平城历史地理极其熟悉，对三晋文化和古都大同情有独钟，因而对《古都大同》一书和对《试论“中国大古都”的构成要件与生成环境》一文的高度评价均为有识有感而发。他对古都学研究的关切、对晚辈后学的关爱、对历史地理学研究事业的忠心都让我们肃然起敬。

感谢陈桥驿先生对大古都大同的关注，以及对晚生后辈的厚爱。

感谢陈桥驿先生的家人，他们提供了陈老先生的近照，让我们和读者能一睹大师风采。

感谢山西人民出版社李广洁社长、石凌虚副总编对该书出版给予的关心和支持。

编者

2014 年 9 月 10 日